我是人间惆怅客
纳兰容若词传

〔清〕纳兰容若 / 著
泉凌波 聂小晴 / 编

中国华侨出版社 北京

图书在版编目（CIP）数据

我是人间惆怅客：纳兰容若词传/（清）纳兰容若著；泉凌波，聂小晴编. -- 北京：中国华侨出版社，2018.3

ISBN 978-7-5113-7432-5

Ⅰ.①我… Ⅱ.①纳…②泉…③聂… Ⅲ.①纳兰性德（1654-1685）—生平事迹②纳兰性德（1654-1685）—词（文学）—诗词研究 Ⅳ.① K825.6 ② I207.23

中国版本图书馆CIP数据核字（2018）第020443号

我是人间惆怅客：纳兰容若词传

著　　者 /〔清〕纳兰容若
编　　者 / 泉凌波　聂小晴
责任编辑 / 安　可
封面设计 / 李艾红
文字编辑 / 黎　娜
美术编辑 / 刘欣梅
经　　销 / 新华书店
开　　本 / 880mm×1230mm　1/32　印张：9　字数：288千字
印　　刷 / 三河市嘉科万达彩色印刷有限公司
版　　次 / 2018年5月第1版　2019年10月第2次印刷
书　　号 / ISBN 978-7-5113-7432-5
定　　价 / 35.00元

中国华侨出版社　北京市朝阳区静安里26号通成达大厦3层　邮编：100028
法律顾问：陈鹰律师事务所
发 行 部：（010）64443051　　传　　真：（010）64439708
网　　址：www.oveaschin.com　　E－m a i l：oveaschin@sina.com

如果发现印装质量问题，影响阅读，请与印刷厂联系调换。

前言 PREFACE

纳兰容若，原名纳兰成德，顺治十一年甲午农历腊月十二日生于京师，是日为公历 1655 年 1 月 19 日。同年三月，清朝圣祖玄烨出生，如果以旧历计，与容若同龄。二人日后的亲密关系，冥冥中似乎早已有了定数。

容若之父明珠是年二十岁，任銮仪卫云麾使。容若之母觉罗氏，英亲王阿济格正妃第五女，她是在顺治八年嫁于明珠的，后被封为一品诰命夫人。纳兰家族十分显赫，隶属满洲正黄旗，是清朝初年满族八大姓氏里最风光、最有权势的家族，也就是后世所称的"叶赫那拉氏"。

追溯纳兰家的兴盛起源，要说到容若的曾祖父。容若的曾祖父名叫金台石，是叶赫部贝勒，其妹孟古，于明万历十六年嫁给努尔哈赤为妃，生皇子皇太极。这之间的关系令之后的纳兰家族与皇室有了紧密的联系。这场联姻使得纳兰家族的势力节节攀升，当到了纳兰容若出生的时候，纳兰家族在清王朝已经是权贵之家了。可以说，纳兰容若一出生就被命运安排到了一个天生贵胄的家族中，他是衔着金汤匙出生的富贵公子，注定了一生荣华富贵、锦衣玉食。但命运弄人，这样一个贵公子，却偏偏是"虽履盛处丰，抑然不自多。于世无所芬华，若戚戚于富贵而以贫贱为可安者。身在高门广厦，常有山泽鱼鸟之思"。

容若的悲剧命运也似乎是与他的天生富贵一起注定的，上天总是公平的，它给予你一样东西，必然也会收回一样。容若拥有令全天下男子都艳羡的财富与门第，但却有着一个孱弱的身体，他自幼身患寒疾，这难以根治的疾病总是会时不时爆发，折磨容若。

所以，容若性情中忧郁淡漠、伤感悲情的一面也是可以理解的。因为自身的疾病，容若在青春大好的年华，有相当一段时间是在病榻上度过的，所以，容若的词作中，总是充满了无聊悲凉，甚至有些戚戚然的情绪。

不过这些都无法遮掩容若在清朝词坛的光芒，作为一个后起之秀，容若在词的造诣上渐渐无人可及。清朝初年的词坛景象较为不景气，好的词作者并不多，词坛一片寂寂无声之景象，容若犹如一颗新星，在清初词坛掀起轩然大波。在当时词坛中兴的局面下，他与阳羡派代表陈维崧、浙西派掌门朱彝尊鼎足而立，并称"清词三大家"。年纪轻轻就鼎立词坛，容若的才华不容小觑。更主要的是，容若是满族显贵，他并没有接受过系统的汉文化，但却能够将汉文化掌握并且运用得如此精深灵动，这才是容若最让人称奇的地方。

容若的词清新隽秀、哀感顽艳，颇近南唐后主。纵观容若的词风，清新淡雅间又不乏真情实意，虽然多是哀婉抒情之词，但却并不艳俗，反倒是清新脱俗，不流于坊间一些低俗之作，有着自己独特的风格和特色。

作为一个满族人，容若对汉文化的学习不遗余力。他早年就勤读诗书，为汉族文化与满族文化的融会贯通打下了很好的基础。之后，在容若的青年时期，他发奋研读，并拜徐乾学为师。在名师的指导下，容若的文化功力日渐深厚，而且，在拜师学习的这几年间，他还主持编纂了一部1792卷的儒学汇编——《通志堂经解》，受到了皇帝的赏识。这一举动为容若日后在朝廷的发展赢得了一个头彩。不但如此，容若还熟读经史子集，并且还把读书过程中的见闻和学友传述记录整理成文，用三四年时间，编成四卷集《渌水亭杂识》，其中包含历史、地理、天文、历算、佛学、音乐、文学、考证等方面知识。可见容若有着相当广博的学识，爱好也十分广泛。

在容若二十二岁的时候，他以优异的成绩考中二甲第七名。这让容若得到了康熙皇帝的赞赏和青睐，康熙皇帝后来授他三等侍卫的官职，之后不久升为二等，再升为一等。御前侍卫是很风光的，可以常伴帝王身边。容若相貌堂堂，文才武略都很了得，而他当了御前侍卫后，更是经常随着康熙一起南巡北狩，游历四方，遍访大江南北，走访塞外山河要塞，时常与康熙皇帝一同参与重要的战略侦察，或者陪同皇帝唱和诗词，译制著述，这样的生活简直是羡煞人了。

可是容若却并不满足，他虽然有着奇才，却并不留恋官场，作为诗文艺术的奇才，他在内心深处是厌倦官场的庸俗和侍从生活的，他无心于功名利禄，只想获得自由，过饮酒作诗、无拘无束的生活。

可惜世事难两全，多次受到恩赏的容若难逃圣恩，纵使他有归隐之心，家族也难以成全他的心愿。为了自己家族的荣耀和发展，他也只有做自己并不愿意做的事情，留在自己并不愿意留的地方。所幸的是，上天还是眷顾容若的，他二十岁的时候，娶两广总督卢兴祖之女为妻，赐淑人。是年卢氏年方十八，"生而婉娈，性本端庄"。成婚后，夫妻二人恩爱，感情笃深，美满的婚后生活给容若的人生多少带来一些安慰。

他在此期间的词作也大多风格明亮，偏于柔美温情。可惜好景不长，婚后三年，卢氏死于难产。爱妻的离去，给容若精神上带来了巨大的打击，从此他"悼亡之吟不少，知己之恨尤深"。作为情深意重的男子，容若很长一段时间都无法从卢氏的死亡阴影中挣扎出来，这段时间写下了大量的悼亡诗，祭奠他和卢氏之间的情感。古时男子当以事业为重，儿女情长并不是很被看重，所以，容若的这番悲情，无人能懂。

这一腔的愁绪，容若无处可诉，只有寄情于诗词之中，高产的词作还有高质量的诗词，让容若著称于世。二十四岁时，他把自己的词作编选成集，名为《侧帽集》。继而另一词集《饮水词》在吴中刊行。他的词作非常之多，后人在他原有词作的基础上，进行增遗补缺，共349首（一说342首），编辑一处，名为《纳兰词》。

容若的词作有着汉文化的底蕴,还有满族人自身所带有的不羁、无拘无束的风格,令词风清新自由,不拘于一格。内容涉及广泛,包括婚姻爱情、友谊、家庭、边塞、咏物咏史及杂感等方面。虽然词作本身的眼界并不算很开阔,高度上也无法与唐宋那些大词人相比,但他的每一首词都是缘情而旖旎,道出了极为真挚的情感。这让后人沉浸在他的词作中,无法自拔。近代著名的学者王国维就给其极高的赞扬:"纳兰容若以自然之眼观物,以自然之舌言情。此由初入中原未染汉人风气,故能真切如此。北宋以来,一人而已。"况周颐也在《蕙风词话》中誉其为"国初第一词手"。

可见容若词作的影响之大。不过,后人虽然热捧纳兰词,但却未必能够真懂纳兰词中的真含义。容若好友曹寅在《题楝亭夜话图》中就哀叹道:"家家争唱饮水词,纳兰心事几曾知?"

是的,纳兰词虽然流传天下,容若的名虽然遍及天下,可是人们在争相诵读纳兰词的时候,容若那"如鱼饮水,冷暖自知"的心事究竟又有几人懂得?容若这位相府的贵公子、皇帝身边的大红人,写入词中的点点斑驳心情和刻骨铭心的愁苦,谁人又能真的懂得?只怕是容若的亲生父亲明珠,也难以懂得。

容若享尽了别人眼中的快乐,而他自己内心,却是无法体会到快乐的真谛。容若死后,纳兰家族似乎也失去了生机,随后便日渐衰落。政治间的权力争斗无声无息,却是无比凌厉,纳兰家族最终落没在了这场争斗中。所幸的是,容若早逝,没有看到自己的家族落入尘土中，被人遗忘。这也算是不幸中的幸事了。多年以后，乾隆晚年，和珅为了博得圣上龙颜一悦，献上了一部《红楼梦》，乾隆读罢后良久，掩卷长叹一声："书中所写，不正是明珠的家事吗？"世事无常，容若最终还是逃离了残忍的惩罚，没有亲眼目睹家族的衰败，不然那时，他又该何去何从呢？

轻轻翻开这本书，仿佛能看到那个拥有着绝世才华、出众容貌、高洁品行的人站在那里，散发着一股遗世独立、浪漫凄苦的气息，华美至极，多情至极，深沉至极，孤独至极。一个才华横溢、欲报效国家而早早离世，一个因爱而陷入爱的旋涡中挣扎的多情男子，都尘封在这本《我是人间惆怅客：纳兰容若词传》里。

目录 CONTENTS

纳兰容若传

楔子 /2

第一章 诞生 谁怜辛苦东阳瘦 /5
第一节 纳兰家世 /7
第二节 『性德』之名的由来 /9
第三节 幼有词才 /11

第二章 初恋 一生一代一双人 /15
第一节 青梅竹马 /16
第二节 一生一代一双人的原型 /23
第三节 宫墙柳,爱别离 /29

第四节 一次冲动的冒险 /36

第三章 知己 知君何事泪纵横 /45

第一节 秋水轩唱和 /46

第二节 一见如故 /48

第三节 滔滔天下,知己是谁 /61

第四节 我是人间惆怅客 /67

第五节 世外仙境渌水亭 /70

第六节 一生至交顾贞观 /76

第四章 婚姻 感卿珍重报流莺 /85

第一节 妻子卢氏 /86

第二节　妾室颜氏 /98

第三节　心有灵犀的红颜知己 /111

第五章　仕途　不是人间富贵花 /127

第一节　随驾北巡 /129

第二节　一次秘密的军事行动 /140

第三节　江南好 /143

第四节　好友曹寅 /148

第六章　情殇　一片伤心画不成 /151

第一节　爱妻亡故 /151

第二节　悼亡词 /161

第三节　着意佛法 /169

第四节 对爱妻的怀念 / 172

第五节 续弦 / 177

第七章 离世 纳兰心事谁人知 /185

第一节 与梁佩兰合作词选 / 186

第二节 最后的诗作 / 189

第三节 纳兰死因 / 191

纳兰容若词作赏析

临江仙（点滴芭蕉心欲碎）/ 204

采桑子（拨灯书尽红笺也）/ 207

忆江南（昏鸦尽）/ 211

诉衷情（冷落绣衾谁与伴）/ 214

如梦令（木叶纷纷归路）/ 216

清平乐（才听夜雨）/ 219

画堂春（一生一代一双人）/ 222

霜天晓角（重来对酒）/ 225

卜算子（塞草晚才青）/ 228

鹧鸪天（独背残阳上小楼）/ 231

鹧鸪天（别绪如丝睡不成）/ 234

鹧鸪天（握手西风泪不干）/ 237

海棠春（落红片片浑如雾）/ 240

荷叶杯（知己一人谁是）/ 243

浪淘沙（紫玉拨寒灰）/ 246

木兰花（人生若只如初见）/ 249

鹊桥仙（梦来双倚）/252

蝶恋花（今古河山无定据）/255

水龙吟（人生南北真如梦）/257

金缕曲（德也狂生耳）/260

浣溪沙（容易浓香近画屏）/263

菩萨蛮（榛荆满眼山城路）/266

鹧鸪天（背立盈盈故作羞）/269

纳兰容若传

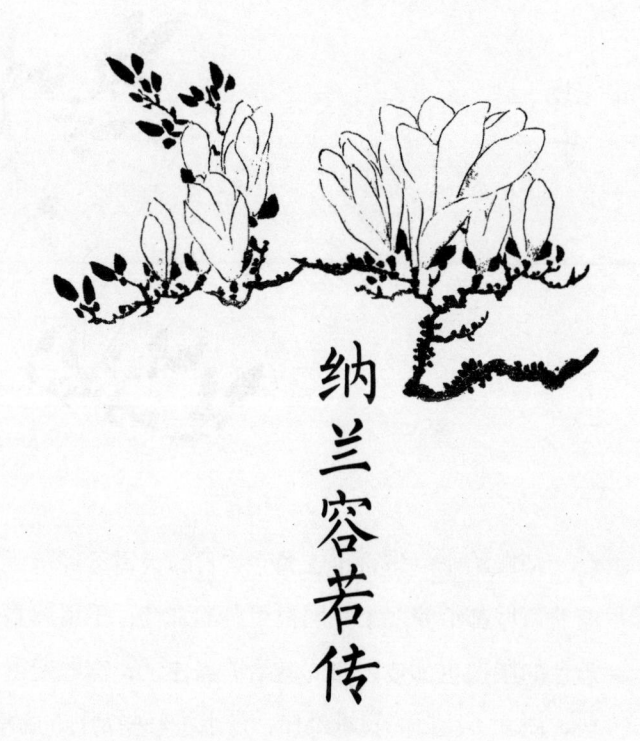

楔子

清顺治十一年，十二月十二日，大雪已经落了好几天，把整座北京城都给笼上了一层银白色的幕帏，千里冰封，连紫禁城金黄色的屋顶也都被雪白的雪给覆盖住了，宫殿变得像雪塑冰雕一般，褪去了往日的巍峨雄伟，带上了一些别样的晶莹洁白。

覆雪的屋顶蜿蜒着，从紫禁城一直延伸到四周的寻常民居上、花木上，在寂静的夜里勾勒出连绵起伏的曲线。

在这些被大雪覆盖住的屋顶下面，有一处寻常的宅子，和其他官员的宅子相比，并没什么特别之处，一样的青砖青瓦，一样三进三出的四合大院。

昨夜下了一夜的雪，雪珠儿连绵不断，直到快天亮的时候，才缓缓停了，雪光透了上来，乍一看，就像是已经天亮了一样。

天际开始有了一些光芒，蓝色琉璃般的曙色渐渐亮了起来，薄薄的，透明的，从雕花的窗棂间像是有生命似的钻到屋里，缝隙间隐隐有着一丝儿清冷之气，带着新雪的气息，缓缓飘散在屋内如春的暖意之中。

屋子里点着红泥火炉，炉中的红炭大部分都已被烧成了灰，只有些火星儿还间或一闪。绸帷低垂，把暖炉带来的暖意都给笼在了金装玉裹之中，一室皆春。

兴许是累了，仆役们要么斜靠在墙壁上，要么就低着头，都抵不住浓浓的睡意，在打着瞌睡。

描金绣纹的罗帐内，明珠夫人——英亲王第五女觉罗氏正沉沉地睡着，秀美的脸庞上还带着重重的憔悴之态，身旁，则躺着她刚出生还不满一天的孩子——纳兰容若。

对全家人来说，这个孩子的降生，代表着满族最显赫的八大姓之一的纳兰氏，有了正式的继承者！

而尚在沉睡中的孩子，完全不知自己已经降生到一个与皇室有千丝万缕关系的天皇贵胄之家，从此富贵荣华，繁花似锦；更不知在今后的岁月中，他的名字，总会与"词"联系在一起，且被后人们赞为"清朝第一词人"。

家家争唱饮水词，纳兰心事几人知？

在他短短的三十一年人生之中，他家世显赫，仕途亨通，他名满天下；而他更有着爱他的妻子，仰慕他的小妾，还有才貌双全至死不渝的情人，心意相通的朋友。对历朝历代怀才不遇最终郁郁而亡的无数人来说，他已经算十分的幸运了，简直就像是上苍的宠儿，来到这人间，体验一番红尘颠倒、人世沧桑。

也许正因为此吧，上苍终究舍不得让自己的宠儿离开太久，只不过匆匆三十年，就再度把他召回到自己的身边，留下一些隐隐约约的传说，在风中耳语着，述说着他与那几位女子缠绵悱恻的爱情，与知己相濡以沫的友情，还有他内心不为人知的痛苦——

不是人间富贵花，却奈何生在富贵家！

他流传至今的 349 首词，清丽哀婉，仿佛能挑动人心中最深处的那根弦，颤动不已。

人生若只如初见。

王国维有评——

"北宋以来，一人而已！"

第一章

诞生 谁怜辛苦东阳瘦

纳兰性德,原名成德,字容若,号楞伽山人,武英殿大学士明珠长子。现存词作349首,刊印为《侧帽集》《饮水词》,后多称《纳兰词》。

其词哀婉清丽,颇有南唐后主遗风。"桐花万里丹山路,雏凤清于老凤声。"

顺治十一年甲午,农历腊月十二日,纳兰容若降生于京师明珠府邸。

第一次见到纳兰容若这个名字,是在我很小的时候偷偷看梁羽生的武侠小说时。那时年纪小,似是而非,也未必就能把小说给看懂了,可当眼中突然出现"纳兰容若"四个字的时候,不知为何,小小的心弦竟为之轻轻颤动了一下。

也许是因为那四个字组合起来,有种奇妙的、仿佛画一般意境的音节吧?

字简单,并不生僻,一旦组合在了一起,却给人一种美妙的感觉,令人不禁心驰神往。

那有着这样一个美丽名字的少年公子,该是怎样的风度翩翩、宠辱不惊?该是怎样的谦谦君子、温润如玉?

瞻彼淇奥，绿竹猗猗。有匪君子，如切如磋，如琢如磨。

几千年前那些善良的人们，在《卫风·淇奥》中赞道："有匪君子，如琢如磨，如圭如璧"，便是对翩翩君子们最恰到好处的描写。

君子当如玉。

君子当翩翩。

君子当是浊世佳公子，来于世，却不被世俗所侵。

而千年前的人们又怎么会预料得到，在千年后，竟有一位出生在冬季大雪纷飞之时的少年，仿佛是那传世的诗篇中走出来的一般，翩翩来到我们的眼前。

纳兰容若，自此，风容尽现，带着他与生俱来的绝世才华，仿佛天际翩然而落的一片新雪，带着清新的气息，缓缓地、缓缓地坠入这尘世间。

那时，他还只是个小名"冬郎"的少年，浑然不知自己今后的命运，注定要在金装玉裹的锦绣堆中惶惶然荒芜了心境，纠缠在理想与现实中，来回地碰撞着，而与几位女子缠绵悱恻，终是痛苦了自己的心，情深不寿。

而那时，他也只是像所有的年轻人那样，在暮春时节，看落花满阶，带着少年天真的眼波流转。

看天下风光，看烟雨江南，看塞外荒烟，夜深千帐灯。

那时，少年不羁。

那时，少年得志。

第一节　纳兰家世

　　有这样一种人,他似乎生来就该被我们所钟爱,小心翼翼地呵护着,不吝于用最美好的词汇去描述他的形象,去赞美他无与伦比的才华。

　　仔细想来,纳兰容若不正是如此?

　　即使他已辞世几百年,我们依旧乐于用这世上无数美好的形容词,去形容他,去想象他那短暂的一生。

　　浊世翩翩佳公子,当是最恰当的描述了。

　　纳兰容若是满洲正黄旗人,父亲鼎鼎大名,是康熙年间名噪一时的重臣明珠,官居内阁十三年,"掌仪天下之政",倒是完完全全称得上"权倾朝野"。只可惜这么个长袖善舞的人物,在官场中也免不了经历荣辱兴衰、起起落落,在他晚年的时候,被康熙罢相,一下子从官场的顶峰狠狠摔了下来。

　　总之这一下摔得够惨,很多关于他的资料就都因此湮没不详了,反正家破人亡是免不了的。而和他同样鼎鼎大名,只不过是在另一个范围有名的儿子纳兰容若,却因为过世得早,反而避过了眼睁睁看着自己的家在一夕之间从云端跌入谷底的悲剧。

　　在北京的西郊有一块《明珠及妻觉罗氏诰封碑》,上面记载的,就是这位曾经权倾一时的明珠的仕途经历,从一开始的云麾使,逐步升到太子太傅、武英殿大学士兼礼部尚书,平步青云、扶摇直上,甚至可以说是飞黄腾达。

这样一位在官场之中长袖善舞的人物，自然不可能是庸碌之辈。

根据记载，明珠在平定三藩、统一台湾、抗御外敌等重大事件中，都是相当关键的角色，若非最后跌了那狠狠的一跟头，未尝不会继续风光下去。

和电视剧《康熙王朝》中稍微有点不一样的是，现实中的明珠，与阿济格的女儿成婚，倒可以说是冒了很大风险的。

阿济格是多尔衮的哥哥，战功赫赫却没什么政治头脑，最后落得个被囚禁的下场，儿女们赐死的赐死，贬为庶人的贬为庶人，这样的姻亲关系，对明珠来说，肯定是不能帮助他在官场中步步高升、一路青云直上的。当然，如人饮水，冷暖自知，以当时明珠一介卑微的小侍卫来说，能"高攀"上阿济格的女儿，到底是怎么想的，也只有明珠自己知道了。

反正在以后的岁月里，两口子还是把日子给过了下去。

在外，明珠在官场中游刃有余；在内，觉罗氏把家操持得妥妥当当，让自己的丈夫毫无后顾之忧。

若是以政治婚姻来说，这样的相处也未尝不是一种美满。

而就在这样的"美满"之下，纳兰容若出生了。

对当时的明珠与觉罗氏来说，他们也完全没有料到，这个出生于寒冬腊月的孩子，未来将会被赞誉为"清朝第一词人"吧？

明珠与纳兰容若，一对父子，同样的大名鼎鼎，却又如此的不同。

一个在官场长袖善舞，一个在词坛游刃有余。

纳兰容若永远也不明白,父亲是怎么在无数人虎视眈眈中一步一步毫不犹豫而又铁腕地攀爬到顶点的位置,一人之下万人之上,在百官之中呼风唤雨。

就像明珠永远也不明白,自己为儿子精心规划的,已经铺设好了的那条通往鲜花与荣誉的道路,为什么儿子却是如此的不情不愿以至于抗拒。

第二节 "性德"之名的由来

1655年1月19日,也就是顺治十一年甲午,农历腊月十二日,纳兰容若生于京师明珠府。

那时候,他父亲明珠才二十岁,风华正茂,为这个孩子,取名叫成德。

纳兰成德。

其实纳兰一直都是叫"成德",只是在他二十多岁时为了避皇太子的名讳,才改名叫"性德",也只用了一年而已。

但是在人们约定俗成的观念中,更喜欢叫他"纳兰性德",以至于本名反倒鲜有人知晓了。

那我们也不妨约定俗成一下,还是用那个人们都十分熟悉的名字来称呼公子吧!

纳兰降生之后,他的父亲明珠就为他起名叫"成德"。

"成德"二字,在古代典籍里面出现的次数不少。

南宋朱熹《论语集注》:"言学者当损有余,补不足,至于成德，则不期然而然矣"；《宋史》中也有言："惟俭可以助廉，惟恕可以成德"；《易经》中更说："君子以成德为行，日可见之行也。"

同样是"成德"两字，意义却各有不同，究竟当时明珠是想到了哪一句才会给儿子起名"成德"的，无人知晓，只是"成德"成了纳兰的名字，一直沿用了下来。

但不管是哪句，至少有一点是可以猜到的，明珠是希望自己的孩子长大之后能如"成德"二字一样，成为一名君子。

天下的父母，都是望子成龙的，从古到今，从皇侯贵族到贩夫走卒。每一个孩子的降生，都会带给父母新的希望，而名字，就是父母给予孩子的第一个祝福，也是期望。

纳兰倒是一点儿也没辜负父亲的好意。

如今说起纳兰，用到最多的句子，就是"浊世翩翩佳公子"。

"公子"常见，古往今来最不缺的大概就是这"公子"了，上到几十岁下到几岁，泛滥的程度大概可堪比现在的"美女、帅哥"俩词儿。只要稍微人模人样，走上大街，生理性别为男性的，都可能被叫作"公子"。但是古往今来，够得上这资格的，还真是屈指可数，到了现代，一说起这几个字，人们脑海中条件反射出现的，大概就是纳兰性德这个名字了。

古人的习惯，除了姓名之外，还会给自己起字，所谓"名字"是也。纳兰身为一名汉文化的真正仰慕者，也自然而然地给自己起了字，就是"容若"。所以严格说起来，纳兰名"成德"，字"容若"，只是有时候他也会效法汉人的称谓，以"成"为姓，署名"成容若",他的汉人朋友们也大多用"成容若"这个名字来称呼他。

不过有一个名字,却算得上是容若父母的专属,那就是他的小名——"冬郎"。

也许是因为出生在冬季的关系,容若的小名唤作"冬郎"。

看着这个名字,让人想起另外一位"冬郎"来。

"冬郎"是容若的小名,也是唐朝诗人韩偓的字。李商隐曾经写过一首七绝赠与韩偓,其中有两句"桐花万里丹山路,雏凤清于老凤声",便是"雏凤清声"一词的由来。而韩偓是著名的神童,吟诗作文一挥而就,才华横溢,所以说,大概明珠也有把自己儿子比作那神童韩偓的意思吧?

究竟明珠有没有这么认为,那就是天知地知了。

不过最常见的解释,还是因为容若在寒冬腊月出生,所以才起了这么个小名儿。

第三节　幼有词才

据说纳兰容若最早作词,是在他十岁的时候。

十岁已经能成吟,由此可见明珠夫妇对纳兰容若的教育是很下工夫的,后来更是请来名士大儒顾贞观做纳兰容若的授课师傅,也让容若从此有了一位亦师亦友的忘年之交。

有一首词《一觚珠·元夜月蚀》,说是他十岁的时候所作。

星球映彻,一痕微褪梅梢雪。紫姑待话经年别。窃药心灰,慵把菱花揭。

踏歌才起清钲歇。扇纨仍似秋期洁。天公毕竟风流绝。教看蛾眉，特放些时缺。

如今看来，这首词若说是个十岁孩子写的，词风又未免显得太过成熟了一些，而且用典颇多，从"紫姑""窃药"，到"踏歌"等，颇有些风流之态，十岁的孩子，当真能写得出来这样的词吗？

这确实是一个值得疑惑的问题。

不过，我们的纳兰公子是出了名的自小聪敏，读书过目不忘，也说不定当真有可能写出一首成熟的词来。这首词究竟是不是纳兰十岁时候写的，各有各的说法，但是，在那些言之凿凿说此词为纳兰容若十岁所写的记载中，大多会大肆渲染地描写当年那年仅十岁的稚子是如何出口成吟的。

于是我们就不妨窃喜一下，至少这也算是一种对纳兰容若才华的肯定吧。

冷香萦遍红桥梦，梦觉城笳。月上桃花，雨歇春寒燕子家。

箜篌别后谁能鼓，肠断天涯。暗损韶华，一缕茶烟透碧纱。

（《采桑子》）

如果说纳兰容若一辈子都没经历过一丁点儿的挫折，那就是骗人了。

人生在世，不如意事常八九，帝王尚且有烦恼，更何况寻常之人？

所以天之骄子的纳兰容若，也不可避免地遇到了挫折。

那是康熙十二年，癸丑。

纳兰容若十九岁。

十七岁时纳兰容若就入了太学，国子监祭酒徐文元十分赏识他。

十八岁，纳兰容若和其他莘莘学子一样，参加了顺天府的乡试，毫无悬念地中了举人。

有时候看到这里总会忍不住想到另外一个著名的"举人"来。

范进考了一辈子的试，生活穷困潦倒，一直考到五十四岁才中了个秀才，后来终于中了举人，竟是欢喜得发疯了，挨了岳丈胡屠夫一巴掌才清醒过来。

虽然是小说家言，不过从有八股文考试起，难道不是有无数个"范进"，一辈子就只想着能考取功名，然后全家都鸡犬升天吗？

"太宗皇帝真长策，赚得英雄尽白头。"

自隋唐开始的八股文考试，让古往今来千千万万读书人都一头栽了进去。考了一辈子的试，考到白发苍苍依旧是个童生的人，不知有多少。连宋代文豪苏洵都曾发出过"莫道登科易，老夫如登天"的感慨，其难度也就可想而知了。

而纳兰容若与那些白头童生们相比，他已经是十分幸运而且出众了。

年仅十八岁就中了举人，在其他人眼中，无疑是该羡慕与嫉妒的。

所以，连老天爷都觉得他太顺利了，该受点挫折，于是纳兰容若在十九岁准备参加会试的时候，突然得了寒疾，结果没能参加那一年的殿试。

自然榜上无名。

在纳兰的一生当中，这大概可以算是他第一个小小的挫折了吧？

他没能参加那次殿试，待病好之后，是后悔呢，还是并不以为意呢？从他淡泊名利的性格上来看，有很大的可能是后者。

无论如何，纳兰容若并没有参加这一次的殿试，在其后的两年中，他一边研读一边还主持编撰了一部儒学汇编——《通志堂经解》，还编成了《渌水亭杂识》。

闲暇的时候，他依然继续写自己的词。

这一年，他写了几首《采桑子》，各有不同，其中一首，便是："冷香萦遍红桥梦，梦觉城笳。月上桃花，雨歇春寒燕子家。箜篌别后谁能鼓，肠断天涯。暗损韶华，一缕茶烟透碧纱。"

不知为何，纳兰容若身在北京，可他的词，却总隐隐透着一股江南三月的气息，从他的词里，能看到江南的小桥流水、杨柳明月，字里行间流露出来的，是月夜下二十四桥氤氲的蒙蒙水汽，婉转而又清新。

也许容若前生是自江南雨巷中翩然走来的少年公子，撑着伞，缓缓走过时光的流转。

有时候我想，纳兰容若十九岁那年因急病而不能参加殿试，对他来说，未尝不是件幸运的事情。至少，他能有几年的时间去做自己喜欢的事情，编撰书籍，吟咏诗词，而不是在官场中渐渐地磨掉他天生的才华。

可是，这也只是后人的揣测罢了。

他当时到底是如何想的，如今谁又能说得清楚呢？

第二章

初恋 一生一代一双人

"一生一代一双人，争教两处销魂。相思相望不相亲，天为谁春？"

康熙六年丁未年，纳兰容若十三岁。

也就在这一年的七月，康熙皇帝亲政。

康熙七年，纳兰府迎来了三年一度的选秀，纳喇氏入宫。

纳兰容若是以"清朝第一词人"的称号扬名的。

后人对他也颇多推崇，有赞其为"国初第一词手"的，也有赞他"纳兰小令，丰神炯绝"的，而最多的，还是说其"《饮水词》哀感顽艳，得南唐二主之遗"，尤其是在《词话丛编》中，对纳兰词颇多赞扬。

当然，也有一些批评的声音，陈廷焯的《白雨斋词话》就明确地这样说道："容若《饮水词》，才力不足。合者得五代人凄婉之意。"

想来，也许是因为他的词大多以花前月下的题材为主，所以给人比较小气的感觉，虽然也偶有雄浑之作，不过终究还是显得视野不很宽阔，也就难怪有后人会说他的词略显局限了。

撒开这些不谈，光是说他的《饮水词》，确确实实清丽美妙，初读，颇有后主的感觉，再读，便是妙不可言。

也因为纳兰词中的那些对感情与心境的细致描写，很多人都不免对这位豪门公子的感情生活产生了兴趣。

"八卦"乃是人类的天性，谁都抵抗不住自己的好奇心，所以狗仔队才会有如此旺盛的生命力，堪比"小强"。之所以我们乐于见到八卦，尤其是名人的八卦，火得一塌糊涂，也可以说是因为其在很大程度上满足了观众们的猎奇心理。

而有着"清朝第一词人"美誉的纳兰容若，有着权臣公子身份的纳兰容若，不消说，也会有不少人关注着他的八卦。

从古到今皆然。

第一节　青梅竹马

根据记载，纳兰有妻子卢氏，妾颜氏，后来卢氏病故，便续弦官氏，还有著名的江南才女沈宛，这些算是时人笔记上明确记载了的，不过在野史中，不少人言之凿凿地说，其实纳兰还有个心爱的表妹，后来被选进了宫里，劳燕分飞，纳兰一直念念不忘。

纳兰和他这位传闻中的"表妹"，后人研究说，也许这便是《红楼梦》中贾宝玉与林黛玉的原型。

当初乾隆在看过《红楼梦》之后，曾说过这样的一句话："此乃明珠家事作也。"明珠家与曹家有着相似的荣衰经历，难免会有人认为，明珠是"贾政"的原型，那么纳兰容若，自然就是"贾宝玉"的原型了。

至于那位传说中的表妹，大概也就因此而"诞生"了吧？

又说，这位表妹才貌双全，与纳兰容若青梅竹马两小无猜，倒是公认的男才女貌，一双璧人。

那时年少的纳兰容若，还有那位美丽的少女，若是就这么一直青梅竹马下去，大概成亲也是顺理成章的事情了。

但是，现实总是残酷的。

如果这位"表妹"当真是存在的，那么按照当时的规矩，凡到选秀女之年，一般是三年一次，家里有十三岁到十五岁的少女，而且是嫡亲女孩儿的旗人家庭，都必须先参加选秀，只有落选后，才能自行婚配，这是一种强制性的制度，所有的旗人家庭都不能拒绝。

所以，纳兰容若的表妹就这样被选进了皇宫之中。

以她的家世、相貌、才华，大概落选的可能性也蛮小，而结果一点也没有意外，她果真被选中了，宫门一入深似海，从此萧郎是路人。

纳兰容若当时是什么样的心情，大概能猜得到，总之是念念不忘。据说是为她愁思郁结，无论如何都想再见一面，后来伪装后混进了宫里，终于与自己的表妹见了最后一面。

当然，这只是传说，并没有任何的史料依据，但纳兰的这桩似是而非、真假莫辨的感情，或者说是初恋，在后人的猜想中，逐渐变得朦胧而美丽起来，带着"此事古难全"的遗憾，演绎出无数的版本。

夕阳谁唤下楼梯，一握香荑。回头忍笑阶前立，总无语，也依依。

笺书直恁无凭据，休说相思。劝伊好向红窗醉，须莫及，落花时。（《落花时》）

在纳兰容若大概四五岁的时候，他除了读书之外，还多了一样功课，那就是骑射。

满族人入关之后，面对着辽阔的中原，面对着博大精深的中原文化，他们自豪却又自卑，羡慕的同时却又恐惧。

自豪的，是这一望无垠的江山社稷终究被他们所统治。

自卑的，是因为很清楚自己可以用刀剑打下江山，却不可能继续用刀剑统治一个高贵的文明。

羡慕的，是绵延几千年包罗万象的中原文化，给他们带来一个全新的视野。

恐惧的，却是害怕自己最终和历史上无数的少数民族政权一样，被中原文明湮没。

所以，统治者一再强调"祖宗家训"。

祖祖辈辈都是以骑射讨生活，打下了这片江山，所以八旗子孙们必须保持骑射的传统，不可有丝毫的懈怠。

居安思危。

他们羡慕着却又恐惧着几千年绵延不断的中原文化。

纳兰容若那时候不过是个几岁的孩子，对于"骑射"背后的含义，他未必明白。只不过觉得是在自己喜欢的读书之外，又多了一样功课而已。

他也没觉得自己有什么不同。

当时旗人刚入关没多久，尚且保持着旺盛的斗志，所以八旗的子弟们也都是个个舞刀弄棒、弓马娴熟。所以小纳兰也和其他人一样，在读书之余，还要挤出时间来习武。

或者说，是在习武的空暇，挤出时间来读书。

也许因为父亲明珠是朝廷里难得的几位支持汉文化的人之一，更因为父亲精通汉语，纳兰从小耳濡目染，也对汉文化产生了浓厚的兴趣。

在习武之余，他像海绵一样吸收着一切能够接触到的文化。

在这方面，明珠的开通与赞成，也让纳兰年复一年，中逐渐地文武双全起来，而不是和其他的八旗子弟一样，弓马娴熟，却对汉文化一无所知，甚至连汉语都不大会说。

所以说，纳兰容若后来以词扬名，也并非没有道理的。

如今说起他，很多人条件反射地都会想到纳兰的文，但事实上，当时的纳兰，是名副其实的文武双全的。

与其他的旗人子弟相比，纳兰容若便显得太优秀了。

文，他享有赞誉；武，他是皇帝身前的御前侍卫，负责保护皇帝的安危，谁能说他武艺不好呢？只是在漫长的学习岁月之中，纳兰渐渐地发现，骑射变成了不得不完成的任务，而读书，才让他真真切切地感觉到快乐。

文武之道一张一弛，在骑射与读书之间，纳兰究竟比较喜欢哪一个，谁也说不清，只是，旗人的武，与汉人的文，就这样奇妙地在纳兰身上，达到了一个最好的融合。

纳兰容若一直都记得，那是一个阳光明媚的午后，自己正和以往一样，在武术师傅的教导下，学习武术的基础。

蹲马步对一位四五岁的孩子来说，未免太枯燥了，而且是那么的辛苦，换作别家娇贵的小公子，只怕早就受不了号啕大哭起来。

但小小的容若却咬着牙坚持了下来。

因为他记得父亲曾经严肃地对自己说过，骑射乃是旗人之本，祖辈们靠骑射打下了江山，你身为旗人，怎么可以不习骑射？

马步不知蹲了多久，小纳兰也不禁觉得膝盖开始酸起来，有点支撑不住了，又不敢撒娇不练，正在咬牙苦撑的时候，长长的走廊上，母亲婀娜地走了过来，唤他今天就到此为止，家里来客人了。

纳兰容若连忙去沐浴更衣，跟随母亲去前厅迎接客人，这时候，他才看到，原来是自己那位久已闻名却一直不曾见过的小表妹，来家做客了。

那时候，年幼的小表妹并不知道，自己进京的目的，是为了等她长到花季妙龄的时候，被父母送进宫里去。

在纳兰容若之后，明珠夫妇很久都不曾再有过孩子，所以在当时，小小的纳兰容若是没有弟弟或者妹妹的。也许是因为自己长期都被人当成弟弟一样的照顾，所以对这位小表妹，纳兰容若表现出很大的好奇心来。

而更让他感到惊喜的，是这位年纪比自己小的妹妹，居然也对汉人的文化颇感兴趣，两个孩子兴趣相投，很快就熟络了。

与纳兰容若不一样，小表妹身为女孩儿，堂而皇之地可以不用去学习骑射，所以她能够安安心心地坐在书房内，听着授课先生的讲解，专心地聆听，只不过偶尔，一双黑漆漆、亮晶晶的大眼睛，也会悄悄地从窗缝间偷看正在专心习武的表哥。

她也是旗人子孙，自然知道习武骑射是男孩子必须学习的功课，在授课师傅重重地一声咳嗽下，她又忙不迭地把目光收了回来，专心在自己眼前的白纸黑字上。

孩子总是在一天天长大。

不知不觉间，幼童变成了少年，容若变得英俊洒脱、器宇不凡，而原本雪娃儿似的小表妹，也出落得亭亭玉立，俨然一朵含苞待放的鲜花。

大人们瞧在眼里，都暗自欣慰。

小表妹才貌双全，一旦选秀进了宫，再加上娘家的支持，还愁不能在皇宫之中找到立足之地吗？

他们暗地里打着如意算盘，却全然忽略掉了，或者说是刻意忽略掉了少年容若与小表妹之间那淡淡的萌动，只是以为，那不过是两个孩子一起长大的兄妹之情而已。

当时的少年纳兰与小表妹，又哪里会料到，未来，竟然是如此的残酷。

年少的他们，大概根本就不曾想过以后的事情。

纳兰容若年长了一些，就和其他人一样，列席在八旗战士们的阵营里，和周围无数年纪相仿的年轻人一样，是一位年轻的战士。

这天，少年纳兰从军营里回来，沐浴更衣过后，拜见了父母、姑姑等人，却未见到表妹的身影，有些困惑，又不好明问，只得悻悻然往内堂走去。

走着走着，他突然发现，自己的脚步，竟是在不知不觉中走向表妹居所的方向。

夕阳西下，精致的绣楼掩映在繁花绿树之中，仿佛也带着少女的娇羞，在昏黄的阳光中，镀上了一层淡淡的金色。

也许是心有灵犀，当纳兰容若刚走到楼下，表妹惠儿也正从楼梯上款款地走了下来。

四目相对，皆是一怔，旋即都笑起来。

纳兰容若想问表妹为何之前没在前厅，但怎么想都不知该从何问起。向来机智灵变的他，不禁有些讷讷起来，看着表妹那双明亮的眼睛，更是说不出话来了。

少年纳兰再聪明，也猜不透女孩子的心思。

甚至连小表妹自己，也未必说得明白。

她不知道为什么当快到表哥回家时辰的时候，自己会突然开始在意起仪容来，见镜子里的人儿左不顺眼右不顺眼，一会儿觉得头发散乱了，一会儿又觉得早上插的那支簪子与身上的衣裳不搭配，所以，一反常态，并未和往常一样去前厅迎接归家的表哥，而是在自己的闺房内细细地重新梳妆，直到自己满意了，才走出闺房，哪知刚要下楼，却见表哥正在自己的绣楼前踌躇不前。

小表妹本是有些忐忑，可见到表哥迟疑的模样，竟忍不住笑了起来。

见到小表妹忍笑的神情娇憨可爱，纳兰容若越发讷讷起来，想分辩些什么，但你看着我我看着你，竟谁都无话可说，于是便忍不住"噗嗤"一声笑出来。

一笑，两位年轻人顿时不复之前的羞涩与尴尬。

纳兰容若后来写了一首《落花时》，也许是这段无忧无虑的美妙时光在他的记忆里实在印象太深，所以在词中这样写道："夕阳谁唤下楼梯，一握香荑。回头忍笑阶前立，总无语，也依依。"

写的，分明就是年少时与表妹两小无猜的画面。

从词中我们可以看得出来，当时的少年纳兰与表妹，是如何的情投意合，在他们这一双年轻人的眼中，这世间任何事物都是美好的，当然，还有两位年轻人之间那纯真的感情。

第二节　一生一代一双人的原型

一生一代一双人，争教两处销魂。相思相望不相亲，天为谁春？

浆向蓝桥易乞，药成碧海难奔。若容相访饮牛津，相对忘贫。（《画堂春》）

有多少人最先牢记的纳兰容若词，便是这一句"一生一代一双人"。

很多时候，被感动并不是因为一篇被华丽的辞藻修饰得天花乱坠的文章，也许就只是那么一句话。

简简单单的一句话。

"一生一代一双人"，那是一对天造地设的璧人，天作之合，当不为过。

而纳兰容若笔下的那"一双人"，指的又是谁呢？

既是一双，定是一对恋人，其中一人，毫无疑问，自然是纳兰容若，另外一人，大概便是容若的表妹了。

那时候，纳兰容若也正年少，而表妹也是位青春年少的美貌少女，两人才貌相当，正是典型的"一生一代一双人"。

都说少年时候的感情是最单纯的，友情如是，爱情何尝不是这样呢？

纳兰容若一直清楚地记得，那是一个阳光明媚的午后。

碧空如洗，蓝得仿佛透明一般，阳光从枝蔓间洒了下来，在地面上投出斑驳的光影。

紫藤花的藤蔓下，纳兰容若就那样随意地躺着，也许是读书读累了，他用几本书枕在脑袋下，闭着眼，小憩着。

不远处传来轻轻的脚步声，纳兰容若听出那脚步声是谁，却不睁眼，只是依旧装睡，但脸上抑制不住的笑意却泄露了真相。

果然，那轻柔的脚步声在耳畔停了下来，随之传来的，是少女轻轻的笑声，仿佛清风一般，接着，几朵花瓣就掉到了纳兰容若的脸上，痒痒的。

这下子，纳兰容若再也无法继续装睡，睁开眼睛，满脸笑容，看向那正俯身看着自己的少女。

那时候紫藤花正当花期，一串一串，或淡或浓，在阳光下仿佛紫水晶的瀑布一般，而那娇俏的少女就立于紫藤花瀑之下，一身淡绿色的衣裙，就像是画中的人儿，活生生地站在自己面前。

那天两人聊了一些什么，说过一些什么，早已在记忆里模糊了，只有小表妹婀娜的身影，还有漂亮的面孔上那纯净的笑容，在脑海里深深地烙下了印，每当回忆起来的时候，就带着紫藤花的香气涌了上来。

表妹的笑容是那么的清楚，以至于在以后的岁月中，每当回想起来，会清楚地觉得原来回忆也是一种残忍。

当那天，父母、姑姑把自己和表妹都叫了过去的时候，见到满屋子的长辈，还有长辈们脸上那种严肃的神情，纳兰容若的心中，就隐隐有了不妙的预感。

果然，长辈们接下来的话，让纳兰容若清楚了一件事，无法回避的一件事。

小表妹已经到了选秀的年纪。

那时候的旗人少女，每一位都会得到一次"选秀"的机会，这是属于旗人少女的特有的"福利"。通过"选秀"，也许就能一夕之间飞上枝头变凤凰，然后全家鸡犬升天。

那时候的明珠，尚未成为康熙最器重的大臣，又因为先祖的关系，对自己在朝廷中的前途，是有些惴惴的。

纳兰明珠的祖父金台什，是叶赫部的贝勒，后来被清朝的开国皇帝努尔哈赤给斩杀。他的儿子尼雅哈、德勒格尔归顺了努尔哈赤。而明珠，正是尼雅哈的第二个儿子。

对于自己的出身,明珠一直担心会影响到自己的仕途,而娶阿济格的女儿为妻,这对一心往上爬的明珠来说,不能不说是个冒险的选择。

阿济格虽然是努尔哈赤的儿子,又军功赫赫,贵为英亲王,却在残酷的政治斗争中落了下风,最后被收监赐死,家产也被悉数抄没。

大概正因为此,当时只不过是个小小大内侍卫的明珠,才有机会"高攀"上爱新觉罗氏,成为皇亲国戚之一。

在纳兰容若少年的时候,父亲在朝中的地位虽然正在不断地上升,可并未完全稳固,所以,父亲需要再找一条渠道,把自己的家族和爱新觉罗家族牢牢地联系在一起,从而达到稳固自己地位的目的,而让自己家族的少女成为康熙皇帝的后宫妃子一途,是最好的选择。

这时候,纳兰容若与小表妹才第一次清楚地认识到,摆在他们面前的,是多么残酷的现实。

于是在多年之后,我们看到了这样的一阕词。

一生一代一双人,争教两处销魂。相思相望不相亲,天为谁春?

浆向蓝桥易乞,药成碧海难奔。若容相访饮牛津,相对忘贫。

"相思相望不相亲",这是对一双互相深爱的恋人来说,最残酷的惩罚了吧?

彼此能够相望,彼此相思着,却不能相亲,何等的残忍!

如果当真爱有天意,那么,那灿烂的春光又是为谁而来呢?

怪不得纳兰容若会在上阕词的最后一句，几乎是从自己心底喊出这四个字——

"天为谁春"！

我们仿佛能够看到这样的画面。

当纳兰容若最终与小表妹再度见面的时候，早已是斗转星移，物是人非。

昔日娇羞的少女，已成为了皇帝后宫之中的妃嫔，给家族带来了另外一种荣耀。

也许是省亲，也许是因为入宫庆贺，总之，纳兰容若终于再一次见到了自己的表妹，那记忆中的少女。

可是，见到了又如何呢？

四目相对，千言万语，最终只能化为他与她之间深深的凝望。

不敢说，不敢讲，纵有千样相思、万般心事，也只能深深地隐藏在自己的心里，在眼神交会的瞬间，讲述着自己的心意。

纳兰容若写词，善于用典，在这首词里面也不例外。

这首《画堂春》的下阕中，开首的两句，便是两个典故。

浆向蓝桥易乞，药成碧海难奔。

两个典故，一是裴航乞药，二是嫦娥奔月。

裴航乞药是出自唐人笔记里面裴航蓝桥遇仙女云英的故事。

传说裴航为唐长庆间秀才，游鄂渚，梦得诗："一饮琼浆百感生，玄霜捣尽见云英。蓝桥便是神仙宫，何必崎岖上玉清。"裴航买舟还都路过蓝桥驿，遇见一织麻老妪，渴甚求饮，妪呼女子云英捧一瓯水浆饮之，甘如玉液。航见云英姿容绝世，因谓欲娶此女,妪告:"昨有神仙与药一刀圭,须玉杵臼捣之。欲娶云英,须以玉杵臼为聘,为捣药百日乃可。"裴航终于找到月宫中玉兔用的玉杵臼,娶了云英,夫妻双双入玉峰,成仙而去。

第二个典故便是大家都耳熟能详的"嫦娥奔月"的故事了。

"药成碧海难奔"这句明显是出自"嫦娥应悔偷灵药,碧海青天夜夜心"。嫦娥偷吃了丈夫后羿从西王母处求来的长生不老药,独自飞升月宫,不老不死的生命换来的是千年的孤寂。当她在月宫之中凝视着人间的时候,不知道有没有后悔过自己当初的选择呢?但为时已晚,只能是碧海青天夜夜心,空对着冷冷清清的月宫,怀念着当初的幸福生活。

也许当年纳兰容若想起被送进宫里的小表妹同时,还有月宫之中那孤零零的嫦娥吧?

在纳兰容若的眼中,小表妹又何尝不是嫦娥一般的仙子呢?可是,如今却也像那嫦娥一般,独居深宫,冷冷清清,寂寥一生。

如果嫦娥不曾偷吃长生不老药,自然结局又是不同;如果表妹不曾进宫,那么他与她的命运,也将截然不同吧?

"饮牛津"出自《博物志》的一篇记载。

天河与海通,有人居海上,年年八月,见浮槎去来不失期。多赍粮乘槎而往。十余日至一处,遥见宫中多织妇,一丈夫牵牛,渚次饮之。其人还至蜀问严君平,曰:"某年某日有客星犯牵牛渚,计年月,正此人到天河时也。"

说的,应该是牛郎织女的故事。

"若容相访饮牛津,相对忘贫。"

如果我能像那牛郎一样，不惜排除万难去天上寻找织女，只要两人能够从此在一起，即使是做一对贫困夫妻，也是心满意足的。

回想起来，纳兰容若总会觉得他与小表妹之间，青梅竹马的时间，竟是那么的短暂。

都说缘定三生，也许他们之间这段短暂的欢乐，却正好是用三生三世的缘分换来的，来也匆匆，去更匆匆。

那段纯洁的爱情，最终因为现实的无情，而有缘无分，空自叹息着，天为谁春！

第三节　宫墙柳，爱别离

风鬟雨鬓，偏是来无准。倦倚玉阑看月晕，容易语低香近。

软风吹遍窗纱，心期便隔天涯。从此伤春伤别，黄昏只对梨花。（《清平乐》）

纳兰容若的这位表妹，究竟在入宫后是荣幸地成为了嫔妃，还是像无数的秀女一样，被锁在深深的后宫之中，已经无法得知，唯一可知的便是，当宫门重重关上的同时，也隔断了两位年轻人情投意合的心。

只是隔着一座高高的宫墙，从此形同陌路。

选秀对这位小表妹来说，代表的却是异常残酷的现实，利刃般无情地割断了她与表哥之间那萌动的情弦。

看着镜子里那漂亮的面孔，双颊上还带着少女特有的红晕，小表妹不知道有没有后悔过，自己不如长得丑一点、蠢笨一点，或许能避免这样的命运吧？

一声叹息，是为那从此被宫墙高高圈住不得自由的小表妹，也是为墙外明知是空还苦苦守候，抱着一丝遥不可及希望的少年纳兰容若。

相思刻骨，阻隔在他们之间的，不仅仅是皇宫那巍峨耸立的宫墙，更有自己身后庞大的家族。

所以，小表妹只能在宫墙内"寂寞空庭春欲晚"，而少年容若则在宫墙外，"伤春伤别，黄昏只对梨花"。

可以猜想，当与自己情投意合的小表妹被送进皇宫之后，少年纳兰是怎么度过那段愁思郁结的日子的。

回想着昔日与小表妹花前月下，情投意合相谈甚欢的日子，如今屋舍依旧，长廊依旧，甚至院子里的玉兰花树也依旧，但早已物是人非，却仿若远隔天涯。

微风缓缓拂过，透过窗纱带来一丝儿凉意。天边，夕阳渐渐落下，偌大的庭院中，一个人寂寥地站立着，黄昏只对梨花。

这里，纳兰容若用了"梨花"一词，倒是和唐代诗人刘方平笔下的"寂寞空庭春欲晚，梨花满地不开门"中的"梨花"一词，有些异曲同工之妙。

那些深宫之中的妙龄少女们，不管来自天南地北也好，豪门寒户也罢，最终也逃不出"寂寞空庭春欲晚"的命运，空对着"梨花满地不开门"，何其的无辜，何其的悲凉。

于是在无数个夜晚，每当纳兰容若思念起那位咫尺天涯的小表妹时,叹息的,大概便是两人终究有缘无分,错身而过吧?

湿云全压数峰低,影凄迷,望中疑。非雾非烟,神女欲来时。若问生涯原是梦,除梦里,没人知。(《江城子》)

风雨欲来,天上的云也显得厚重湿漉,朝远处起伏的山峦压了下来,那一层又一层的山峰烟雾缭绕,隐约迷离,仿佛被一层又一层的云雾给包裹住一般。是仙境、梦境,还是人间?远远望去,竟让人有些不禁怀疑,那到底是不是山峰,或许是传说中的蓬莱吧?所以山峰间才会有祥云缭绕。

可是,若当真是蓬莱仙境,为何神女却又迟迟不出现?

在这里,纳兰借用了宋玉《高唐赋》《神女赋》里神女的典故,意指神女来时云雾缭绕,身影朦胧,叫人看不见神女的真面容,只能暗自揣测。

而这一场经历,难道竟然是梦境吗?

或者说,只能在梦中,才能与自己心目中的"神女"相见吧?

最后两句,引自唐朝诗人李商隐《无题》中的两句:"神女生涯原是梦,小姑居处本无郎。"

或许是纳兰为了表达自己对青梅竹马恋人的怀念之情,所以他在这里引用了李商隐的这两句诗,想说的,大概就是追思往事,尽管曾经有过刻骨铭心的恋情,有过青梅竹马的情投意合,但到头来,终究抵不过现实的无情碾压,那些美好的回忆,不过是做了一场梦而已。

于是纳兰也问自己,除了在梦里,还有谁知道自己的这番心事，知道自己对那小表妹的思念之情呢！

有时候，他远远望着那巍峨的宫门，宫殿屋顶一层一层逐渐往远处延伸，高低错落，乍一看，何尝不像云雾缭绕的层峦叠嶂？

自己心心思念着的小表妹，"云深不知处"，竟不知何时才能再见一面。

现实无情地阻断了他与表妹之间的联系，更像狂风暴雨一般把两人感情的萌芽扼杀在了摇篮之中，即使如此，纳兰并未就此放弃爱情上的追求。

即使知道这番相思注定是空，也不妨抱着这份感情惆怅终身。

在纳兰眼中，那高高的巍峨的宫墙，是如此的罪大恶极，生生地阻断了自己与表妹，从此只能一个墙内，一个墙外，彻留遗憾。

彤云久绝飞琼字，人在谁边，人在谁边，今夜玉清眠不眠？

香销被冷残灯灭，静数秋天，静数秋天，又误心期到下弦。

（《采桑子》）

张爱玲曾经这样绝望而且悲凉地说过："生在这世上，没有一种感情不是千疮百孔的。"

那时候，年轻的纳兰容若，就已经从自己失败的初恋中，早早地尝到了这样的滋味儿。

如同金庸笔下的《神雕侠侣》里面情花的滋味。

情之为物，本是如此，入口甘甜，回味苦涩，而且遍身是刺，你就算小心万分，也不免为其所伤。多半因为这花儿有这几般特色，人们才给它取上这个名儿。

那甜美的初恋，和小表妹的两小无猜、青梅竹马，最终还是在现实那巨大而且无情的车轮面前，毫无抵抗能力地被压成了齑粉，然后在时间一遍遍的冲刷下，渐渐变成苍白的印子，然后消失无踪。

曾经那些欢乐的岁月，无忧无虑的过往，在回忆里逐渐变得苦涩起来。

如果还能相见，大概，这份苦涩也会变成甜美的吧？

可是，那道巍峨的宫墙，就像是一道永远无法跨越的鸿沟，深深地隔开了他与自己心爱的少女，再也无法得知对方的任何消息。

她过得是好还是不好？在宫中有没有受到什么委屈？……

种种的担心与思念，最终都变成宫墙外无可奈何的叹息。

如果能把自己的相思之情尽数写在信笺之上，送到宫中的表妹手里，想必也是好的吧？

只可惜，这不过是纳兰容若一相情愿的幻想而已。

他一封封写满自己心事的信，最后也只能静静地压在水晶镇纸的下面，永远都无法送出去。

"彤云久绝飞琼字"，这便是纳兰容若此刻心境最好的写照了吧？

《太平广记》中记载过这样的一个故事：

唐开成初，进士许瀍游河中，忽得大病，不知人事，亲友数人，环坐守之。至三日，蹶然而起，取笔大书于壁曰："晓入瑶台露气清，坐中唯有许飞琼。尘心未尽俗缘在，十里下山空月明。"

书毕复寐。及明日,又惊起,取笔改其第二句曰"天风飞下步虚声"。书讫,兀然如醉,不复寐矣。良久,渐言曰:"昨梦到瑶台,有仙女三百余人,皆处大屋。内一人云是许飞琼,遣赋诗。及成,又令改曰:'不欲世间人知有我也。'既毕,甚被赏叹,令诸仙皆和,曰:'君终至此,且归。'若有人导引者,遂得回耳。"(出《逸史》)

故事讲的是唐朝开成初年,有个叫许瀍的进士在河上游玩的时候,突然得了一场离奇的大病,不省人事,亲友们都十分担心,在其身边守着,就这样过了三天。在第三天的时候,许瀍突然站起身来,在墙壁上飞快地写出一首诗来:"晓入瑶台露气清,坐中唯有许飞琼。尘心未尽俗缘在,十里下山空月明。"写完之后继续倒头昏睡,和之前一样怎么叫都叫不醒,众位亲友面面相觑,惊愕不已。到了第二天,许瀍又突然站起身来,把墙壁上的第二句改成了"天风飞下步虚声"。这次倒是没有再度倒头继续昏睡,而是像喝醉了一般,也不算清醒,浑浑噩噩的,过了很久才渐渐地能够开口说话。亲友们担心地询问,他就说:"我在梦里到了瑶池仙台,那里有三百多位美丽的仙女,都住在一间金碧辉煌的大屋子里面,其中一人,自称许飞琼,问我可能赋诗,等诗写好了,她又说:'不愿意让世人知道我的存在。'让我改掉其中的一句。诗改完之后,很受赞赏,于是其他的仙女又依韵和诗。许飞琼就说:'您就到此结束,先回去吧。'自己就像是被人引导着似的,又回到了人间。只是回想之前的一切,不知是真是假,是梦是幻。"

古代的笔记小说里面,这种遇仙的故事层出不穷,甚至还有仙女与人间的男子结为夫妻的。而许飞琼所代表的仙女形象，从古至今，都可以说是男性心目中的梦中情人。

所以，在这里，纳兰容若用"许飞琼"的典故来代指自己心爱的恋人，也并不为过。

"彤云"指的是红霞，传说在仙人们居住的地方彤云红霞缭绕，这里纳兰容若很明显是用来代指皇宫，而"玉清"应该指的是道教中仙人所住的玉清宫，自然也是代指深宫，没什么疑义。

心爱的表妹身在冰冷的皇宫内，音讯渺茫。如今，自己因为思念着她而夜不能寐，那皇宫内的人儿，是不是也和自己一样，今夜无眠呢？

大概对双方来说，这都是一个不眠之夜吧！

这巍峨华丽的宫墙之内，在每一个凄清的夜晚，对着镜子里的人影，只能在夜半无人之时，暗自垂泪，为她还未来得及开花便已经枯萎了的初恋，还为着心中那最深的思念。

镜子里的那张少女的面庞，还是那么的美丽、那么的年轻，只是她很清楚地知道，有些东西，已经永远地从自己的双眸里失去了，变成了内心深处最刻骨铭心的记忆，支撑着她在这步步惊心的皇宫之中，坚持下去，然后在午夜梦回的时候，在她最不经意的时候，悄悄涌上心头，夜不能眠。

"香销被冷残灯灭"，这样的不眠夜，接下来又会有多少呢？在思念里度日如年地等待着秋天，等待着冬天，一年又一年，在光阴的流逝中怀念着自己那份夭折的初恋。

一道高高的宫墙，囚住了多少花样少女的青春，又扼杀了多少像纳兰容若一样还未来得及发芽的爱情。

有时候,我和你之间只有一堵墙的距离,那却是世界上最遥远的距离,永远都无法接近。

第四节　一次冲动的冒险

相逢不语,一朵芙蓉著秋雨。小晕红潮,斜溜鬟心只凤翘。

待将低唤,直为凝情恐人见。欲诉幽怀,转过回阑叩玉钗。

(《减字木兰花》)

小表妹被选秀入宫的事情,对纳兰容若来说,不啻晴天霹雳,是一次重重的打击。

原本以为水到渠成的感情,就这样被现实扼杀在摇篮之中,那小小的种子还没来得及生根发芽,就被狂风暴雨连根拔起,徒留无奈与辛酸。

对小表妹来说,大概从她迫不得已入宫的那一刻开始,就已经向自己今后的命运低头了吧?她知道这是无法反抗的,所以,妙龄少女默默接受了这一切,接受了命运的安排。

但纳兰容若,却对这样的命运,发出了他微弱的抗议。

他也不知道当时自己怎会有那么大的胆量,竟然做出那样惊世骇俗的事情来,稍有差池,便是灭族之罪,以至于当事情过后,纳兰每每想起,都不禁冒冷汗。

但那时年少的纳兰容若,终究还是凭着自己的血气方刚,凭着自己的冲劲,做出了那件任性的事情来。

说是任性，也大有孤注一掷、义无反顾的意味。

对纳兰容若，或许这便是他短暂的一生中，最初的，也是最后的一次任性吧？

自从小表妹入宫之后，纳兰容若心心念着，相思刻骨，却无计可施。

皇宫大内，哪是说进去就能进去得了？就算你是权臣之子，也没有例外。

看着巍峨的宫墙，纳兰容若什么法子都想过了，却还是想不出能潜进皇宫的法子来。

就在那一年，宫中有重要人物过世，既然是国丧，皇宫自然也不能免俗，大办法事道场，每日和尚僧人出入宫廷，并无阻拦。

这时，纳兰容若看到每天那些僧人们能够自由进入宫廷，灵机一动，他竟然想出个十分冒险的办法来。

他悄悄地用重金买通一名僧人，换上僧袍，装成一名小僧人，混进了入宫操办法事的僧人队伍之中。

也许是怕被人认出来，他一直低着头，小心地注意着周围的一切。

如今披上了僧袍，纳兰容若一下子有些后怕起来。

私混入宫，一旦被发现，就是死罪，而且全家人都会受到牵连。退一步说，就算当真混进了宫，那后宫如此庞大，妃嫔宫女那么多，真的能在短时间内找到表妹吗？

再退一步说，就算上天眷顾，自己顺利地找到了表妹，见到之后呢？自己要怎么做？

带她逃出这铁一般的皇宫？

纳兰容若静静地想着。

他知道自己在用最大的冒险，去追寻一个遥不可及的渺茫希望。

但是从他披上这件僧袍开始，就已经没有退路了。

纳兰不糊涂。他并非不明白这么做的后果，也并非看不清现实。

可纳兰还是不想放弃。

所以，当僧人们的队伍开始缓缓往前行进的时候，纳兰容若没有片刻犹豫，就跟着队伍一路往前走。

因为这些僧人每天都会进出皇宫，守门的侍卫并未怎么留意，验过领头者的进出令牌，再草草扫视了几眼，就放他们进去了，丝毫没有发现权相明珠之子纳兰容若混在这队僧人之中。

纳兰容若一直都低着头，见顺利进了宫，不禁暗自松了口气。

身后，陈旧笨重的门轴发出"吱嘎"的声音，重重宫门就一层层地打开，然后关上。

那一声又一声的关门声音，让纳兰容若越来越紧张。

他已经步入了深宫——

这个外臣、男人们的禁地！

他猛地睁大了双眼，连忙低下头去。

因为他看见迎面过来了一队巡逻的侍卫。

那些侍卫里面，有不少人都曾经和纳兰容若一起，在旗营里操练过，彼此都是认识的，如今稍有不慎，纳兰就很有可能被对方认出来!

这令纳兰容若不禁紧张起来,绷紧了浑身的弦,低下头,把自己的面容隐藏在合十的手后。

暗自祈祷着。

上苍如果真的开眼,就请保佑我能够见到她一面!

一面就好!上苍,我的要求并不多,仅仅是一面就好!

看她如今怎样,是否安好……

纳兰在心中暗自向上苍乞求着。

纳兰容若就这样满怀心事混在僧人的队伍之中,一起往前走着。

宫殿深邃,长廊迂回曲折,就像是永远也走不到尽头。

纳兰容若并不在乎这队僧人到底会走去哪里,他在乎的,是自己究竟能不能见到表妹。

正当他以为这一次冒险会是徒劳一场的时候,前方的长廊拐弯处,出现了几位宫女的身影,远远地,朝着僧人的方向走了过来。

纳兰容若的心,一下子提到了嗓子眼儿。

因为他看到其中一位宫女的身影,与自己的表妹是那么的相似,却又有些不敢确定。

只是觉得,那婀娜的身影,与记忆中小表妹的身影十分相似。

那究竟是不是小表妹呢?

纳兰容若不禁朝那方张望。

双方走得越来越近了,纳兰也不由得期待起来,期待着擦肩而过的刹那,可天不遂人愿,那几位宫女在长廊的拐弯处,往另一个方向走去。

纳兰见状顿时有些着急起来。

也许是冥冥之中真有天意,仿佛心有灵犀一般,那女子突然回头看向僧队的方向。

四目相对。

纳兰的一颗心顿时激烈地跳动起来。

即使相隔如此之远,纳兰容若还是认了出来,对方正是自己的小表妹,虽然穿着和其他宫女一般无二的衣裳服色,梳着一模一样的发髻,但那是自己的小表妹!

心心念着的小表妹!

对方似乎也认了出来这位僧人是谁,却不敢有丝毫异样的举动。

她只是迅速把脸转了回去,身子却不由自主地晃了一下,就像是脚下的花盆底没有踩稳一样,微微有些踉跄,步子也拖拉起来,像是很不想离去,却被前后不明所以的同伴挟着,不由自主地继续往前走。

她的背影看起来是那么的凄凉,带着无力抗拒的无可奈何,只是在快要走远的时候,突地抬起手,像是要扶一扶自己发髻上的玉簪,纤细的手指却轻轻扣了扣,仿佛在告诉纳兰容若,她已经见到了他。

"待将低唤,直为凝情恐人见。"

纳兰容若不是不想开口唤她,是理智及时地阻止了他,告诉他,若是出声,便是灭族之祸!

身为明珠之子的纳兰知道,今日的胆大包天,已经是极限。

而小表妹也知道,一旦自己情绪失控,会是什么样的后果。

他们都很清楚他们没有任性的条件!

最大的限度,只能是四目相对,然后,纳兰容若便目送着对方远去,远远地走进深不见底的后宫深处。

这一场预料之外的见面,只是发生在一瞬间,对这对年轻人来说,代表的却是前半生的告别,与后半生的永诀。

他们已经不可能再有见面的机会。

曾经萌动的美好感情,被现实残酷的狂风暴雨给摧残得一丝不留。

后来,过了很多年之后,纳兰容若有时候会想起这一次年少轻狂的重逢。

大概是因为过去太久了,纳兰容若竟会觉得,那次惊心动魄的重逢,当真发生过吗?或许只是梦幻一场吧?

但不管是梦幻也罢,现实也好,纳兰容若都深深地记得,当时表妹离去的身影,是那么无可奈何、那么恋恋不舍。

"欲诉幽怀。"

他有满腔的话想要倾诉给她,但却只能把那些话深深地藏在心里,藏了一天又一天,一年又一年,最终,化成纳兰容若笔下这首《减字木兰花》。

年少时候的轻狂与任性,年少时候美好的纯洁的感情,还有那无奈的遗憾,随着岁月的流逝,最后,只在字里行间余下淡淡的、浅浅的哀伤,纪念着当时的错身而过。

从皇宫中平安回来的纳兰容若，回想起自己的这次冲动冒险，背上满是冷汗。

他当时只凭着一腔热血就什么也不顾地伪装成僧人混进宫中，只为追寻那一丝渺茫的希望！

好在上天终究还是眷顾他的，在他以为自己再也见不到表妹的时候，朝思暮想的恋人便和自己错身而过。

终是见到了一面。

最后一面。

但也是错身而过，他往东，她往西，就像两条交叉线，一次交集之后，便是越行越远，最终相隔天涯。

对于儿子的这次冒天下之大不韪，很难说明珠究竟知道不知道。

如果明珠知道儿子竟然做出这么一件胆大包天的事情来，他们全家人的脑袋就这样在毫不知情的情况下，去鬼门关滚了一回的话，只怕就算父母再淡定，儿子再优秀，一顿暴打都是免不了的！

纳兰容若简直就是在拿全家人的性命赌博！

好在上苍站在他这边，所以，他赌赢了，安然无恙。

但是一颗心还是在深宫之内，在小表妹的身上。

这份感情，怎么可能说放就放？说遗忘就遗忘？

所以在宫中的喜讯传来之后，全家人都为之欢呼雀跃，只有年少的纳兰容若，皱紧了双眉，闷闷不乐。

那喜讯是什么呢？

是才貌双全的表妹顺利得到了康熙的青睐，成功地从宫女变成了嫔妃。

对明珠来说，这个消息意味着他在朝廷中的权势变得更加稳固，在宫中也有了靠山，这个消息是真真切切的喜讯，所以，全家上上下下，都欢天喜地的，准备庆祝。

就在这一片喜庆的气氛中，纳兰容若却颇有些"冠盖满京华，斯人独憔悴"的感觉。

为了家族的利益，牺牲的，是自己与表妹之间最纯真的感情，自己却无法抗拒，无能为力。

这是纳兰容若第一次感觉到来自现实的、不可抵抗的巨大压力，让一直生活在优裕的环境中、向来一帆风顺的纳兰容若清楚了到一件事，那就是当理想与现实发生碰撞的时候，胜利的，从来都是现实！

后来，纳兰容若把自己对表妹的这番遗憾之情写进了词中，便是这首《减字木兰花》：

花丛冷眼，自惜寻春来较晚。知道今生，知道今生哪见卿。

天然绝代，不信相思浑不解。若解相思，定与韩凭共一枝。

开篇四字，便是化自唐代元稹的《离思》诗："取次花丛懒回顾，半缘修道半缘君。"接下来的"自惜寻春来较晚"，则是借唐代杜牧的一段情事，来表明自己的后悔之情，如果当初自己能更多一点勇气，能早一点向父母提出想要娶表妹为妻的想法，说不定，后来的一切就不会发生了，又哪里有现在的"惆怅怨芳时"？哪来现在的悔之晚矣？

自己的一片相思之情，现在也只能深深埋在心里，无人能解。

词中弥漫着一股悔恨之意，但是纳兰容若知道，此恨绵绵无绝期，过去了的，已经不能再重来，他从此只能在词里行间表达着自己的后悔、不舍，还有怀念。

用张爱玲的一段话来作最后的总结，却是正好：

传奇里的倾国倾城的人大抵如此。到处都是传奇，可不见得有这么圆满的收场。胡琴依依呀呀拉着，在万盏灯的夜晚，拉过来又拉过去，说不清的苍凉的故事。

第三章 知己 知君何事泪纵横

"我是人间惆怅客,知君何事泪纵横。"

康熙十五年丙辰。

这一年,纳兰容若认识了他一生之中的知己至交——顾贞观。一首《金缕曲》,"德也狂生耳",纳兰容若词名从此流传天下。

纳兰容若在十九岁那年因为急病而错失殿试机会,在外人看来,究竟是惋惜还是惆怅,仁者见仁智者见智。但事实上,纳兰容若似乎并没有因为这一次的失利而一蹶不振,相反,在这几年的时间,他反倒是能够将自己大部分的心思都花在了所喜爱的诗词上,从而认识了自己一生之中视为至交的好友们。

第一节　秋水轩唱和

疏影临书卷。带霜华、高高在下，粉脂都遣。别是幽情嫌妩媚，红烛啼痕休泫。趁皓月、光浮冰茧。恰与花神供写照，任泼来、淡墨无深浅。持素障，夜中展。

残釭掩过看逾显。相对处、芙蓉玉绽，鹤翎银扁。但得白衣时慰藉，一任浮云苍犬。尘土隔、软红偷免。帘幕西风人不寐，恁清光、肯惜鹴裘典。休便把，落英剪。（《金缕曲》）

就在纳兰容若十七岁这一年，在京师孙承泽的别墅秋水轩，发生了一件声势浩大的文坛盛事——

秋水轩唱和。

秋水轩唱和不光是当时的一大话题事件，也是中国诗词史上的一件盛事。

起因，则是周在浚来到京城拜访世交好友孙承泽，住在孙承泽的秋水轩别墅里。周在浚也颇擅长填词，有不小的名气，因而周围的一些名流闻听消息，都纷纷前去拜访，"一时名公贤士无日不来，相与饮酒啸咏为乐"，颇为热闹。

这天，一名访客曹尔堪见墙壁上写着不少酬唱的诗词，一时心血来潮，便在旁边写了一首《金缕曲》。

哪知他一写，其他来访的文人名士们纷纷响应，用《金缕曲》这个词牌，写出不少词来。

要注意的是，这些唱和的词，每处韵脚都和最初填词的曹尔堪一样,这叫作"步韵",难度十分大,但正因为难度大,所以这些文人名士们纷纷技痒,彼此间也隐隐有了较量的意思。

周在浚、纪映钟、徐倬等词人也都加入了唱和的队伍,接连举行了多次唱和活动,一直持续到了年末。

这场热闹的盛事影响力越来越大,乃至于天南地北的文人骚客们得知消息之后,也纷纷表示要参加,秋水轩唱和波及全国,一时间投书如云。

当时一时兴起写了《金缕曲》的曹尔堪,也完全没有料到,他写这首词,竟然会成为改变康熙初年整个文坛风气的导火索!

在秋水轩唱和之后,"稼轩风"便从京师推向了南北词坛。

参加了秋水轩唱和的词人大多数都是社会上的名流,身份也复杂。有的是朝中新贵,有的是仕途坎坷的失意之人,有的是明朝的旧臣,后来又在清廷出仕,而有的又是坚持着不肯与清廷合作的。他们各怀心事,而词历来是抒发作者情感的载体之一,所以在秋水轩唱和的这些词里面,虽然"词非一题,成非一境",但都表达了作者当时的心境,流露出各自的心声。

后来,周在浚把这些词都集成《秋水轩唱和词》,一共二十六卷,共收录二十六位词人的一百七十六首词,其中,就有纳兰容若的词。

纳兰容若的这首《金缕曲》,便是他参与秋水轩唱和的作品。

这首词的韵脚,分别是"卷、遣、泫、茧、浅、展、显、扁、犬、免、典、剪"。

"疏影临书卷",疏朗的花影高低不齐地映在了半掩的书卷上。开篇,纳兰容若便描写出一幅清幽的画面。

十七岁的少年,已经能写出这样成熟的、风格清丽哀婉的词来,也难怪当时徐文元等大儒都称赞他才气过人了。

书卷上映着扶疏的花影,月光照在花枝上,仿佛照在洁白的冰茧上一样。把灯光遮掩起来,那花影就更加明显了,莹白色的花瓣仿若白玉一般。

纳兰容若用他一贯清新的字句,写出了这番幽静的画面,字里行间仿佛带着淡淡的清香。

而下阕,他却笔锋一转,写道:"但得白衣时慰藉,一任浮云苍犬。"白衣,这里是酒的意思,浮云苍犬,则出自唐时诗人杜甫的诗《可叹》:"天上浮云如白衣,须臾改变如苍狗。"这两句便是说,只要有酒在手,又何必去管世事沧桑变化如何?

其实纳兰容若在当时所写的词里,已经隐隐地流露出了不愿入世的意愿。只是那时还年少的纳兰容若,并未完全意识到这一点,而是和全天下的乖孩子一样,默默地、毫无异议地按照父亲的安排,走向那注定铺满鲜花与荣耀的道路。

第二节　一见如故

顾贞观,清代著名的词人,字华峰,号梁汾,著有《弹指词》。

他的名字,很多时候都是和纳兰容若联系在一起,作为纳兰容若一生之中最好的朋友,同时也是在康熙年间词坛上并驾齐驱的人物,两人的关系十分密切。康熙十五年的时候,明珠仰慕顾贞观的才气，聘请他做自己儿子纳兰容若的授课师傅。可以这样说，顾贞观与纳兰容若，是半师半友的忘年之交。

顾贞观出生名门望族，他的曾祖父顾宪成，是晚明时期东林党人的领袖，前朝大儒。

说起顾宪成，很多人可能不甚了解，但要是说起他写的名句"风声雨声读书声，声声入耳；家事国事天下事，事事关心"，想必是耳熟能详了。

康熙十年的时候，顾贞观因为受同僚排挤，不得不辞职回家乡去，在临走之际，他愤而写下一首《风流子》，词序中自称"自此不复梦如春明矣"，反正自己在京城也待不下去，干脆回老家好了！文人的脾气一上来，倒是颇有一派"此处不留爷，自有留爷处"的气势。

不过五年之后，顾贞观再度来到了京城。

他并不是为了自己前途而再来京城的，是为了营救一位好朋友——吴兆骞。

这次，顾贞观在奔走营救好友之际，得以认识了权相明珠之子——纳兰容若。

很难说顾贞观在得知徐乾学、严绳孙要介绍纳兰容若与自己认识的时候，脑中第一个想到的，究竟是文人间惺惺相惜，还是可以借此营救吴兆骞。当时的顾贞观是初识纳兰容若，而对方，却对他早已闻名已久，心存敬仰。

渌水亭，在徐乾学、严绳孙的相互介绍之后，顾贞观与纳兰容若算是正式见面了。

严绳孙与姜宸英甚至这样对顾贞观说过，这位年轻公子，虽然出身豪门，但是颇有古人之风，丝毫不输江湖游侠的侠骨丹心，以诗词会友，谦和清落，浑不似权相豪门的公子，反倒像世外高雅之士。

顾贞观在四处营救吴兆骞无果之际，也曾想到通过纳兰容若，让如今皇帝面前最红的权臣明珠去求情，想必让吴兆骞重返中原，不过是几句话的工夫，所以，才在徐乾学、严绳孙等人说介绍他们认识的时候，没有丝毫犹豫就答应了。

但是当两人见了面，对着纳兰容若那张纯真的、带着敬仰的面孔，顾贞观却未把吴兆骞之事说出口，那天，他们只是谈论诗词，谈论文学，互为知音。

如同俞伯牙遇到了钟子期，顾贞观也终于发现，这位比自己小很多的纳兰容若，大概才是自己真正的知音！

相见恨晚。

道别之后，年少的纳兰容若哪里能按捺得住自己的兴奋与激动之情？

他自然不可能保持沉默，满腔的激动必须得找到个渠道发泄出来，于是，便在一幅命名为《侧帽投壶图》的画上，写下了这首《金缕曲》，送给了顾贞观。

德也狂生耳。偶然间、缁尘京国，乌衣门第。有酒惟浇赵州土，谁会成生此意？不信道、遂成知己。青眼高歌俱未老，向尊前、拭尽英雄泪。君不见，月如水。

共君此夜须沉醉。且由他、蛾眉谣诼，古今同忌。身世悠悠何足问,冷笑置之而已。寻思起、从头翻悔。一日心期千劫在,后身缘、恐结他生里。然诺重,君须记。

这首词完全不似平时人们印象里纳兰词的清婉哀丽、缠绵悱恻,而是一气呵成,颇有豪气,以至于此词一出,顿时传遍京城,轰动一时,人人争相传诵。

也因为这首词,纳兰容若正式在清代的文学史上留下了属于他的位置。

《词苑丛谈》中曾这样称赞这首《金缕曲》:"词旨嵚奇磊落,不啻坡老、稼轩。都下竞相传写,于是教坊歌曲无不知有《侧帽词》者。"言下之意,是把这首词看成不输给苏东坡、辛弃疾等豪放派词人的作品了,对纳兰容若此词评价之高,可见一斑。

而顾贞观收到了这幅画,看到了画旁的词,他又是怎么想的呢?

读着这首《金缕曲·赠梁汾》,顾贞观心中,又是欣慰,又是愧疚。

他愧疚的是,一开始,他不过是想借纳兰容若明珠之子的身份,来营救好友吴兆骞,如今纳兰容若毫无保留地信任着自己,把自己当作知音,更用这首《金缕曲》来表白自己的心迹,回想起自己并非抱着完全单纯的目的来结识纳兰容若,顾贞观突然觉得脸烫了起来。

但欣慰的,是自己终于寻到了知音。

人生得一知音足矣!然而,又有多少人能像他这般幸运,寻找到自己的钟子期呢?

我们如今一说起纳兰词，脑子里出现的第一个词语就是"缠绵悱恻"。

确实，长久以来，纳兰容若的词作，给我们留下的印象大多是清雅哀婉的，无论是"一生一代一双人"也好，"人生若只如初见"也好，还是"当时只道是寻常"，那字里行间的清丽不输给后主词，怎么也是和"豪放"或者"狂生"等词语沾不上边的。

但在这首让他享誉满京城的《金缕曲》中，纳兰容若开头第一句，便是"德也狂生耳"。

"德"是谁？自然是纳兰容若。

他在与朋友的交往中，都是仿效汉人的习俗，自称"成容若"，俨然是名唤成德，字容若，与汉人的姓氏一样，所以他才会自称"德"。

"德也狂生耳"，纳兰容若这里是说自己其实也是狂放不羁的人，只是因为天意，无可抗拒，才生在了乌衣门第、富贵之家。

开篇，纳兰容若便介绍了自己的一些相关情况，接下来，他在词中很是用了几个典故。

"有酒惟浇赵州土。"出自唐代诗人李贺的《浩歌》："买丝绣作平原君，有酒惟浇赵州土。"意思是说，后世既无好养门客士人的赵国公子平原君，唯当买来丝线，绣出平原君的像来供奉，取酒浇其坟墓，即赵州土，来凭吊。平原君乃是战国时期的"战国四公子"之一，是赵国人，他性喜结交朋友，也是出名的仗义好客之人，大名鼎鼎的自荐的毛遂，也曾是他门下的门客。而纳兰容若是当时权相明珠的长子，出身豪门，身份尊贵，以平原君自比，倒也说得过去。而下一句"谁会成生此意"中，"成生"也是纳兰容若的自指，乃询问其他人，谁能了解"我"的这一片心意。其实也是在暗指，自己就和平原君一样，并不在意朋友的出身，只要性情相投，自然互为知己，倾盖如故。

而"青眼高歌俱未老"中，"青眼"代表敬重的意思，出自唐代诗人杜甫的《短歌行·赠王郎司直》："青眼高歌望吾子，眼中之人我老矣。"青眼的典故，来自于昔日魏晋时期的"竹林七贤"中的阮籍。此人出了名的放浪形骸，据说能作青白眼，对讨厌的人就翻白眼，对高人雅士就露出眼珠，作青眼，后来人们就用"青眼"来表示对其他人的敬重。当时纳兰容若与顾贞观都还年轻，要是按照现在的年龄划分，顾贞观不到四十岁，纳兰容若二十二岁，一位壮年，一位青年，都正是风华正茂的时候，所以，纳兰容若才言道"俱未老"，劝慰顾贞观，我们都还不算老，能得到知己，又有多少人能和我们一样幸运呢？

下半阕中的"蛾眉谣诼""古今同忌"，则是纳兰容若在清清楚楚地告诉顾贞观，"我"知道你才学高博，却招来了小人的嫉妒，这种嫉贤妒能的事情，古往今来都是如此，又何必介意呢？

这世上，有人白首相知犹按剑，有人朱门先达笑弹冠，就有人海内存知己，天涯若比邻，更有人倾盖如故，互为知己。

纳兰容若在这首词中毫不掩饰地写出了自己那一腔的澎湃炽热之情，是如此的激烈，都不像他素来的清婉哀怨的风格了。

倒是正应了他开篇的第一句"德也狂生耳"。

他在词中告诉顾贞观，"我"纳兰容若也不过是一介狂生，只不过生长在京城权贵之家,别把"我"当成是皇族贵胄,其实"我"也想像自己所倾慕的平原君那样,与性情相投之人成为朋友、成为知己,不论出身,不论贵贱。但是"我"这样的心意,又有谁能了解呢?好在终于遇到了梁汾兄你,一见投机,一见如故,不妨今夜就一起痛饮一番,不醉不归吧!"我"知道梁汾兄才学高博,也知道你以前遇到的那些不公正的待遇,不过世事向来如此,嫉贤妒能、造谣中伤,向来就是那些宵小之徒的卑鄙手段,梁汾兄也没必要放在心上,冷笑置之便好,更何况去徒劳的解释呢?"我"与你相见如故,结为知音,即使是横遭千劫,友谊也定然会永世长存的,即使来世,这信义,也定然永远不会忘记。

顾贞观看着这首词,突然间觉得,自己苦苦找寻而不得的知音,如今可不就是天赐一般,突然出现在了自己的面前?

于是他提起笔,和着纳兰容若的韵脚,也写了一首《金缕曲·酬容若赠次原韵》:

且住为佳耳。任相猜、驰笺紫阁,曳裾朱第。不是世人皆欲杀,争显怜才真意。容易得、一人知己。惭愧王孙图报薄,只千金、当洒平生泪。曾不直,一杯水。

歌残击筑心愈醉。忆当年、侯生垂老,始逢无忌。亲在许身犹未得,侠烈今生已已。但结记、来生休悔。俄顷重投胶在漆,似旧曾、相识屠沽里。名预藉,石函记。

顾贞观一生恃才傲物,以至于招来宵小之辈的猜忌,处处被打压,仕途不顺,所以,他才在这首赠还纳兰容若的《金缕曲》里面,写了这样一句:"不是世人皆欲杀,争显怜才真意。"

这一句，化自杜甫的诗句"世人皆欲杀，我独怜其才"。

也许是想到自己前半生的坎坷遭遇吧，顾贞观这里不无自叹之意。在这样"世人皆杀"的环境下，纳兰容若却能如此真心真意地对待自己，叫他如何不感动呢？

顾贞观一时之间，既感动又欢喜，还有着一种"棋逢对手，将遇良才"的惺惺相惜。两词不光是词韵相同，顾贞观更是同样用了战国时期的典故，来应对纳兰容若《金缕曲》中的自况平原君。

那便是侯嬴。

纳兰容若本出身豪门，自比"战国四公子"之一的平原君，也并无不妥之处，但顾贞观却不能，他此时只是一介白丁，当然不可能自比其他的几位，如信陵君或者春申君，于是，他以信陵君的门客侯嬴自比。

信陵君魏公子无忌，也是战国时期的四公子之一，与平原君齐名。与平原君一样，他也是喜好结交朋友之人，从不以门第取人，礼贤下士，为当时的人们所津津乐道。

侯嬴当时只是魏国都城大梁的一位守门人，信陵君听说他是个贤士，于是便准备了厚礼，丢下满大厅的宾客，自己亲自驾车去迎接侯嬴。

当时周围的人见到信陵君亲自驾车前来，都十分惊讶，想要知道是哪位贤者如此厉害。却见侯嬴一点也不客气地、毫不推辞地就坐上了信陵君的车，任由信陵君驾车，他却泰然自若，坦然受之。等车子到了中途，他又说要去见一位叫朱亥的朋友，乃是集市上卖肉的。信陵君就半途改道去了集市，侯嬴与朱亥聊了多久,他就在旁边等了多久,周围的人都纷纷指责侯嬴,信陵君却阻止了大家对侯嬴的责备。

而信陵君的礼贤下士也终有回报,后来长平之战,赵国都城邯郸被围得水泄不通,平原君便向信陵君求助,于是,在侯嬴的帮助下,信陵君窃符救赵,成就一段千古佳话。

只是侯嬴在事成之后,却是刎颈自尽,以死来报答信陵君的知遇之恩。

君以国士之礼待之,吾自以国士之礼回报。

"忆当年、侯生垂老,始逢无忌。"

顾贞观与侯嬴是多么的相似啊,在一大把年纪的时候,才得遇知己,要报答对方的这番真情,只怕是当真也得如侯嬴一般,以国士之礼回报吧?

顾贞观再度来到京城,其实是为了营救自己的好友吴兆骞。

吴兆骞,字汉槎,江苏吴江人。据说为人颇高傲。本来才子轻狂,也并不是什么稀罕事,但是在顺治十四年的时候,发生了著名的"丁酉科场案",吴兆骞被人诬告也给牵连了进去。第二年,他赴京接受检查和复试。哪知这人脾气确实执拗,居然在复试中负气交了白卷,这下,不但被革除了举人的名号,更是全家人都被流放发配到了宁古塔,那个冰天雪地的地方,长达二十三年之久。

后来,他从戍边给顾贞观寄了一封信,信中这样写道:

塞外苦寒,四时冰雪,鸣镝呼风,哀笳带血,一身飘寄,双鬓渐星。妇复多病,一男两女,藜藿不充,回念老母,茕然在堂,迢递关河，归省无日……

此时，顾贞观才知道好友在那冰天雪地之处过得有多么辛苦，回想起当初发誓要解救好友的诺言，当下就马不停蹄赶往京城，四处奔走，营救吴兆骞。

但这个案子毕竟是顺治皇帝亲自定的案，康熙并没有翻案的念头，顾贞观奔走多时，依旧毫无办法。

人情冷暖，他这时彻彻底底地知道了是什么滋味儿！

好在这时，徐乾学、严绳孙介绍他认识了纳兰容若。

顾贞观与吴兆骞是至交好友，而纳兰容若与这位吴兆骞，可以说是素昧平生，毫不相识。

顺治十四年，"丁酉科场案"发生的时候，纳兰容若才三岁而已。

两人之间，根本是毫无交集的。

可是后来，吴兆骞被营救出来，却正是纳兰容若的功劳。

纳兰容若虽然不喜俗务，却并非就完完全全地待在象牙塔之中，两耳不闻窗外事，对世事一无所知，事实上，以他的聪慧，大概从认识顾贞观开始，就隐隐地觉得，这件事，自己是定然免不了要插手的。

这件充满侠义之风的营救之举后来轰动了整座京城，纳兰容若在此事中表现出来的、不输江湖豪侠的君子之义，也让无数人为之感慨，更应了以前严绳孙、姜宸英对顾贞观说过的话。

这位出身豪门的贵公子，有着一颗真真正正的侠骨丹心！

谢章铤后来更在《赌棋山庄词话》中这样赞叹道："今之人，

总角之友,长大忘之。贫贱之友,富贵忘之。相勉以道义,而相失以世情,相怜以文章,而相妒以功利。吾友吾且负之矣,能爱友人之友如容若哉!"

本来,吴兆骞与纳兰容若无关,只因是顾贞观的朋友,所以,把顾贞观当成了此生唯一知己的纳兰容若,也就把吴兆骞当成了自己的朋友。

那时候,吴兆骞还远在宁古塔,冰天雪地,京城也是大雪纷飞,千里冰封,一片雪白的世界。

看着庭院里厚厚的积雪,纳兰容若想到,吴兆骞一介书生,早已习惯了江南的四季如春,还能忍受宁古塔的冰雪多久?他快快的病体,还能不能撑得过这一冬?

桌上,是顾贞观刚刚写就的两首词,依旧还是《金缕曲》,只是,这一次的读者,却并不只自己一人。

或者说,这两首《金缕曲》,本来不是写给他的,是顾贞观写给远在万里之外的吴兆骞的。

那时候,顾贞观借住在京城的千佛寺里面,见到漫天冰雪,有感而发,于是一挥而就,写出这两首情真意切的《金缕曲》。

季子平安否?便归来、平生万事,那堪回首!行路悠悠谁慰藉,母老家贫子幼。记不起、从前杯酒。魑魅搏人应见惯,总输他、覆雨翻云手。冰与雪,周旋久。

泪痕莫滴牛衣透。数天涯、依然骨肉,几家能彀?比似红颜多命薄,更不如今还有。只绝塞、苦寒难受。廿载包胥承一诺,盼乌头、马角终相救。置此札,君怀袖。

我亦飘零久。十年来、深恩负尽，死生师友。宿昔齐名非忝窃，试看杜陵消瘦，曾不减、夜郎僝僽。薄命长辞知己别，问人生、到此凄凉否？千万恨，从君剖。

兄生辛未吾丁丑。共些时、冰霜摧折，早衰蒲柳。诗赋从今须少作，留取心魂相守。但愿得、河清人寿。归日急翻行戍稿，把空名、料理传身后。言不尽，观顿首。

词誊抄了两份，一份装在信封里送往了宁古塔，另外一份，则送到了纳兰容若的手中。

也许顾贞观把这两首《金缕曲》送往纳兰容若那儿的时候，并未想过要以此来感动那位年少的知己，只是单纯地把自己的词作给他看而已。

但是纳兰容若却回了顾贞观一首词。

还是《金缕曲》。

还是那熟悉的清秀飘逸的字迹。

洒尽无端泪。莫因他、琼楼寂寞，误来人世。信道痴儿多厚福，谁遣偏生明慧。莫更着、浮名相累。仕宦何妨如断梗，只那将、声影供群吠。天欲问，且休矣。

情深我自拼憔悴。转丁宁、香怜易爇，玉怜轻碎。羡煞软红尘里客，一味醉生梦死。歌与哭、任猜何意。绝塞生还吴季子，算眼前、此外皆闲事。知我者，梁汾耳。

也许在看到顾贞观那两首写给吴兆骞的词的时候，被其中饱含的深情所感动，纳兰容若流泪了。

他突然发觉，自己与顾贞观原来都是同样至情至性之人。

情之一物，矢志不渝，又何妨去管它是爱情，抑或友情呢？

于是，纳兰容若便借这首《金缕曲》，向忧愁不已的顾贞观表白了心意。

你的朋友也就是"我"的朋友，如今朋友有难，"我"又岂能视而不见、听而不闻？

"绝塞生还吴季子，算眼前、此外皆闲事。"

直白得不能再直白。

纳兰容若清楚地告诉了顾贞观，如今营救吴兆骞就是"我"目前最重要的事情，其他都是闲事，完全可以丢在脑后不管。

这首《金缕曲》，还有一个副标题，叫作"简梁汾"，全称是"简梁汾时方为吴汉槎作归计"。简，书信的意思；而汉槎，则是吴兆骞的字，所以这里又称作吴汉槎；作归计，思考救回吴兆骞的办法。总之，在标题上，纳兰容若就写出了自己的心意。

"五载为期"，"我"一定会想办法营救回吴兆骞的！

这是纳兰容若对顾贞观的承诺。

五年之后，吴兆骞终于被营救，从宁古塔安全地回到了中原。

顾贞观与纳兰容若合力营救吴兆骞一事，不但轰动了整个京城，更是轰动了大江南北。

史载纳兰容若"不干"政事，虽然是权相明珠的长子，但向来与政事无缘，即使后来成为康熙皇帝跟前的御前侍卫，深为康熙信任，也从未见他对政事有任何叽叽咕咕的地方，只有这一次，为了营救吴兆骞，他破例了。

不但是为了顾贞观,也是为了那无辜被牵连的名士吴兆骞!

在这一年,大学士明珠仰慕顾贞观的才学,于是礼贤下士,聘请顾贞观为儿子纳兰容若授课。

于是,这对忘年交在情投意合、一见如故之外,还有了一层师生之谊!

"知我者,梁汾耳。"

纳兰容若曾经这样说过。

在他的心目中,亦师亦友的顾贞观,俨然就是世界上另一个自己吧?

第三节 滔滔天下,知己是谁

康熙十五年,顾贞观与纳兰容若做了两件事情。

一是在顾贞观的建议下,编辑纳兰容若的词作,刻板印刷,取名为《侧帽集》。

二是顾贞观与纳兰容若两人一起,开始汇编《今初词集》。

顾贞观与纳兰容若一样,都主张写词是"抒写性灵"。填词不是游戏,更非交际,而是直抒胸臆,真真切切地用笔表达出自己内心最真切的想法。

在这部《今初词集》中,收录了纳兰容若词十七首、顾贞观词二十四首、陈子龙词作二十九首、龚鼎孳词二十七首、朱彝尊二十二首。

除了顾贞观和陈子龙,被选录词作次数最多的,就是龚鼎孳与朱彝尊了。

对纳兰容若来说,与朱彝尊的相识,是在顾贞观之前。

那是在他十八岁的时候,一位四十多岁的、落魄的江南文人,带着他的《江湖载酒集》,蹒跚地进了京城。

"落魄江湖载酒行",杜牧的这句诗,当真是淋漓尽致地写出了朱彝尊的一生。

十年磨剑,五陵结客,把平生、涕泪都飘尽。老去填词,一半是空中传恨。几曾围、燕钗蝉鬓。

不师秦七,不师黄九,倚新声、玉田差近。落拓江湖,且分付歌筵红粉。料封侯、白头无分。

这首《解佩令》,便是朱彝尊为自己的《江湖载酒集》写的纲领之词。

那时候,朱彝尊被人们津津乐道的,除了他的词之外,还有他的绯闻。

当然,诗人词人闹绯闻,古往今来也不是什么大不了的事情。那"奉旨填词"的柳永,身故之后,青楼的女子们纷纷为他伤心不已,所以,若论风流,似乎诗人词人本来就有先天的优越条件,能获得女子的青睐,也多成就佳话。

但是,朱彝尊不同,他绯闻中的女主角,却是自己的妻妹,这完全就是一段不伦之恋。

但朱彝尊并不在意人们的目光。

他与妻妹发乎情、止乎礼,是如此的纯洁,不在乎世人的目光呢。

朱彝尊很执拗，他不但爱了，还并不打算遮掩，而要把自己的这份爱意公开天下，让全天下的人都知道。

那年私语小窗边，明月未曾圆。含羞几度，几抛人远，忽近人前。无情最是寒江水，催送渡头船。一声归去，临行又坐，乍起翻眠。

这一首《眼儿媚》，写得婉转细柔、缠绵悱恻，正是朱彝尊写给自己心爱的妻妹的词。

朱彝尊与妻妹也算得上是一对命运多舛的恋人，他们心心相印，却因为世俗的身份而不能结合在一起。在四目相对的惆怅中，朱彝尊写出了一首又一首饱含思念之情的词来，其中，一首《桂殿秋》流传至今。

思往事，渡江干。青蛾低映越山看。共眠一舸听春雨，小簟轻衾各自寒。

这是用语言描绘的一幅画，而语言所不能描绘的，是两颗心之间永远倾诉不尽的千言万语。

后来，这首词被况周颐的《蕙风词话》赞为有清一代的压卷之作。

朱彝尊的词集慢慢地流传开来，自然，也传到了纳兰容若的面前。

那一年，纳兰容若十八岁，而朱彝尊，已经四十四岁。

正如他与顾贞观一样，一见如故，是不被年龄的差距所限制的，更何况，早在见面之前，他已经被对方的《静志居琴趣》给深深地迷住了。

对方只是一位落拓的文人，穷困潦倒，两袖黯淡，与自己完全可以说是两个不同世界的人，但为什么，他在对方的词中，竟然仿佛看到了自己的影子呢？

大概是因为他们都是一样的至情至性，一样的为情不渝吧。

那时，刚刚成为潞河漕总功佳育幕府的朱彝尊，并不知道在权相明珠的府邸中，十八岁的纳兰容若正为自己的词作而感慨万千，他只是看着镜子中白发苍苍的自己，欷歔不已。

菰芦深处，叹斯人枯槁，岂非穷士？剩有虚名身后策，小技文章而已。四十无闻，一丘欲卧。漂泊今如此。田园何在，白头乱发垂耳。

空自南走羊城，西穷雁塞，更东浮淄水。一刺怀中磨灭尽，回首风尘燕市。草屦捞虾，短衣射虎，足了平生事。滔滔天下，不知知己是谁。

这是朱彝尊《江湖载酒集》中的一首《百字令》，又有个副标题叫作《自题画像》，顾名思义，是他给自己这四十多年的人生的写照。

与古往今来大多数的文人命运一样，朱彝尊的前半生，概括起来就是两个词语："落魄""不得志"。一位好的诗人不一定就是一名好的官员，除却凤毛麟角的几位杰出人士，大多数都是属于官场失意、文坛得意的，李白、杜甫、白居易，再到后来的柳永，哪位不是如此呢？如今，多了一位朱彝尊，也算不得什么。

自己已经四十四岁了，却是漂泊半生，穷苦半生，空有一身好才学，还是郁郁不得志，落拓潦倒。如今已白发苍苍，但是连一处栖身的地方都没有！这么多年东奔西走，如今来到了京城，算是做了个小小的幕僚，怀中，名刺（名片）上自己名字的笔迹早已磨淡了，回首往事，似乎只有这部《江湖载酒集》才是自己唯一真实的过往。

词的最后，朱彝尊十分感慨地说道："滔滔天下，不知知己是谁。"

是啊，在这红尘世间，究竟有谁才会是自己的知己呢？

此时的朱彝尊并不知道，他苦苦追寻的知音，就在距离自己不远之处的明珠府内，那少年公子，纳兰容若。

咫尺天涯而已。

纳兰容若也并不知道，他仰慕的词人朱彝尊也在京城内，他只是被词所感动，被词里那情真意切的热炽情感而感染，辗转难眠。

他发现，与对方相比，自己这十八年的岁月，是多么不值得一提呀！但不知为什么，他就是明白了朱彝尊词里的含义，每一个字，每一句词，都让他觉得仿佛是写进了自己的心坎里。

朱彝尊与纳兰容若，他们是如此的不同。

一个寒门学士，半生潦倒；一个出身豪门，春风得意。

这样处于完全不同世界的两个人，俨然一个天、一个地，却在精神上是如此的契合。

纳兰容若就这样在还未曾见过朱彝尊一面的情况下，已经把这位年长自己很多岁的落拓词人，引为知己。

他写了一首《浣溪沙》。

残雪凝辉冷画屏，《落梅》横笛已三更。更无人处月胧明。

我是人间惆怅客，知君何事泪纵横。断肠声里忆平生。

已经是三更天了，窗外隐隐传来飘渺的笛声，不知从何而起，也不知何人吹奏，只是那么轻轻的，仿佛一阵淡烟，在夜色里缓缓地飘散着。银白色的月光洒下来，把一切都笼上了朦胧的银光。

而自己呢？

"我是人间惆怅客，知君何事泪纵横。"

这便是十八岁的纳兰容若的回答。

一年之后，纳兰容若写信与朱彝尊，写明自己的仰慕之情，想要与这位词人见面。

他是忐忑的。

自己不足二十岁，对方真的能理会自己这个毛头小子吗？

但是，朱彝尊不但回了信，而且还亲自登门拜访了。

衣衫褴褛、饱经沧桑的朱彝尊，面对豪门的贵公子纳兰容若，不卑不亢。

纳兰容若仰慕的不是对方的外表，而是对方的才学。

在精神上的契合，让两人越聊越投机，最后的结果，大家也不难想到。

"滔滔天下，不知知己是谁。"

如今，可就要改成"滔滔天下，君乃知己"了。

第四节　我是人间惆怅客

曾经看过这样的一段话——

"意外造成的结果并不是悲剧。真正的悲剧，是明知道往这条路上走，结果肯定是悲剧，却还是必须往这条路上走，没有其他的选择。"

纵观纳兰容若那短暂的三十一年人生，在我们如今看来，又何尝不是如此呢？

早已知道他会痛失所爱，早已知道他会经历丧妻之痛，早已知道他的至交好友会一个个地过世，早已知道他会在理想与现实的不停冲撞中，逐渐消磨了那原本旺盛的生命力，早已知道他会在康熙二十四年五月三十日的那一天，经历了七天的痛苦之后，终究还是撒手人寰，在生死相隔八年之后，与自己心爱的妻子在同一月同一天，离开这个红尘世间。

悲剧吗？

所谓的悲剧，大概也只是我们一厢情愿的自以为是罢了，若纳兰容若当真知晓，大概也会禁不住大笑三声吧？

他从来都是一个生活在成人世界的孩子，带着纯真，用自己的心去面对这个复杂的世界。

那是一颗最真挚的心灵。

纳兰容若从来都是用这样的一颗心，去对待周遭的一切事物、一切感情。

莫把琼花比淡妆，谁似白霓裳。别样清幽，自然标格，莫近东墙。

冰肌玉骨天分付，兼付与凄凉。可怜遥夜，冷烟和月，疏影横窗。（《眼儿媚·咏梅》）

如果用现代人评价成功人士的标准来衡量纳兰容若，大概他就是"成功"的典型。少年进士，御前侍卫，一路高升，深得皇帝的宠信与重用。但是，在这条无数人梦寐以求的道路上，他却似乎从未开心过，抑郁终生。

年轻的心终究难以承载理想与现实纠缠不清的矛盾，那长期的重负最终压垮了最后一根承重的稻草，三十一岁的时候，纳兰容若离开了这个人世。

他曾写过这么一句词："别有根芽，不是人间富贵花。"

"不是人间富贵花"，七个字，恰恰写尽了纳兰容若短暂的一生。

他有着清高的人格，追求着平等与理想，但是这种别样的人格，在与现实发生冲突的时候，往往都是以凄风冷雨的失败告终。即使在外人看来，纳兰容若的一生并无什么可挑剔的地方，但"家家争唱饮水词，纳兰心事几人知"，他内心的孤独与伤感，终究不被外人所理解，只能化为笔下清丽的词句。

在古代文人的笔下，梅兰竹菊，都是高洁清雅的象征，在纳兰容若眼中也是一样。梅花暗香徐来，"别样清幽，自然标格"，并非凡花，纳兰容若借写梅花而喻己，梅花冰肌玉骨，却是生长在苦寒之期，而这与自己是何其的相似？

在长期的侍卫生涯中,对于无休无止的随驾出行,纳兰容若感到极度的厌倦。他在寄给好友张纯修的信中这样写道:"又属入直之期,万不得脱身,中心向往不可言喻……曩者文酒为欢之事今只堪梦想耳……弟比来从事鞍马间,益觉疲顿;发已种种,而执反如昔;从前壮志,都已隳尽。"已经很明显地表达出了自己对官职的厌恶,那些繁琐的事务让他觉得毫无意义,一心只想回到他所热爱的诗词世界中去。

一个冬天的夜晚,窗外,隐隐飘来了梅花淡淡的清香。

纳兰容若也许是正在看书,也许是正要上床歇息,这一缕幽幽的梅花香气吸引了他的注意,他放下手中的事情,起身来到窗前。

细细看去,院子里并没有梅树的影子,那这缕清香是从何而来呢?

纳兰容若越发好奇,于是披上厚厚的御寒冬衣,缓步出房。

雪早已停了,地面的积雪被下人们清扫得干干净净,但树枝上还覆着一层白雪,在灯光的照映下,透出些淡淡的昏黄。

他循着香气找去,却在东墙的墙角处,见到了这株在冬夜中暗绽芳华的梅树。

已经不记得是什么时候是何人种下的了,谁也没有发觉,这株被人遗忘的梅花,又是什么时候长成了树,如今,在黑夜中静静地绽放幽香。

这株孤傲的梅树,虽是冰肌玉骨,却是别样的清幽。

它不像那些富贵花一样,在向阳之处,生得枝繁叶茂,然后在盛开之时接受着人们的赞美,而是静静地,在角落处顽强地生长着,散发出属于自己的清香。

而在向来自比"不是人间富贵花"的纳兰容若眼中,他所喜爱的,正是这"别样清幽"的寒梅。

正像在另外一首《金缕曲》中写到的那样:"疏影临书卷,带霜华、高高在下,粉脂都遣。别是幽情嫌妩媚,红烛啼痕休泫。"

一样以梅来拟人,高洁清雅。

第五节　世外仙境渌水亭

纳兰容若与好友们聚会,大都是在一处叫"渌水亭"的地方。

如今对"渌水亭"的所在,颇有争议,有说是在京城内的什刹海畔,也有说是在西郊玉泉山下,还有说是在叶赫那拉氏的封地皂田屯的玉河,总而言之,是一处傍水所在,更是纳兰容若一生之中,最具有标志性的建筑。

纳兰容若之所以把自己的别院命名为"渌水亭",大概是取流水清澈涵远之意吧?君子之交淡如水,在纳兰容若的心中,在这渌水亭来往的,自当都是君子。

《南史》记载,世家子弟庾景行,自幼就有孝名,品格美好,做了官之后,也是一向以清贫自守,后来被王俭委以重任。当时人们把王俭的幕府称为莲花池,安陆侯萧缅便给王俭写了一封信表示祝贺,写道:"盛府元僚,实难其选。庾景行泛渌水、依芙蓉,何其丽也。"便用"泛渌水、依芙蓉"来赞美庾景行。

在《南史》记载中的庾景行，孝顺父母，甘于清贫，一生行的都是君子事，在死后，被谥为贞子。

纳兰容若借用这个典故为自己的别院取名叫"渌水亭"，很难说没有自比庾景行的意思。在纳兰容若的心中，像庾景行那样近乎完美的人，才算是君子吧?

渌水亭是什么时候开始修建的呢？纳兰容若那次因为急病错过殿试之后，便开始编撰一部叫作《渌水亭杂识》的笔记，里面记载的，既有纳兰容若的一些读书心得，也有从朋友那儿听到的奇闻异事。

《渌水亭杂识》，无疑是在诗词之外，公子别样性情的表现。

野色湖色两不分，碧天万顷变黄云。

分明一副江村画，着个闲庭挂夕曛。（《渌水亭》）

有了渌水亭，想必纳兰容若是十分欢喜的，不然也不会专门写这首名为《渌水亭》的七绝。

他像是一个得到了新玩具的孩子，充满了好奇心与旺盛的求知欲。

比如娑罗树。

《渌水亭杂识》中记载：

五台山上的僧人们夸口说，他们那儿的娑罗树非常灵验，于是大肆宣传，俨然吹捧成了佛家神树，但是这种树并不只有五台山才有，在巴陵、淮阴、安西、临安、峨眉……到处都有这种源自印度的娑罗树。虽则同样为娑罗树，因为生长在不同的地方，也就有了不同的命运，有的名声大噪，有的默默无闻。

纳兰容若这个小记录，不无讽刺之意。

不要说人，就连树木，看来也是要讲究出身的啊，出身不同，命运也是截然不同的。

还有一些记载，则是显示出纳兰容若对事物的独特见解，其中不乏经世之才。

纳兰容若在《渌水亭杂识》中写过"铸钱"一事，是这样写的：

铸钱有二弊：钱轻则盗铸者多，法不能禁，徒滋烦扰；重则奸民销钱为器。然而，红铜可点为黄铜，黄铜不可复为红铜。若立法令民间许用红铜，惟以黄铜铸重钱，一时少有烦扰，而钱法定矣。禁银用钱，洪永年大行之，收利权于上耳，以求盈利，则失治国之大体。

只是这么两段话，看得出来，我们文采风流的纳兰公子，其实还是颇有金融眼光的。

他认为，铸钱有两个弊端，如果铸轻了，很容易被盗铸，也就是假币，会扰乱日常经济生活；要是铸得重了，那些不法之徒就会把钱重新铸为器皿。如果立法准许民间使用红铜，只用黄铜来铸重钱，应该就会少很多烦扰。

他的这个观点，倒是与后来雍正的不谋而合。

雍正推行币值改革，其中一项主要的措施便是控制铜源打击投机犯罪：熔钱铸器可牟厚利导致铜源匮乏，铜价升高，铸钱亏损。

雍正下令只准京城三品以上官员用铜器，其余皆不准用铜皿，限期三年黄铜器皿卖给国家，如贩运首犯斩立决，同时稳定控制白银，保证铜源，稳定了货源以保铸造流通。

后来，乾隆皇帝时期铸的钱被称为乾隆通宝，那些铜钱有的是铜锌铅合金，叫黄钱；有的再加上些锡，叫青钱。铸青钱可以防止铜钱被私自销熔，因为青钱销熔后，一击就碎，无法再打造成器皿。这也在一定程度上遏制了不法之徒，稳定了货币流通。

由此可见，纳兰容若其实是颇有金融头脑的，他建议朝廷吸取明朝的教训，不要一味地追求盈利，应该把铸钱的权力收归国有，这样才会保证经济的稳定。

清朝的时候，确实吸取了明朝的教训，实行银钱平行本位，大数目用银子，小数目用铜钱，保证官钱质量，保证白银的成色，纹银一两兑换铜钱一千文，也算是控制住了货币的稳定。

诗乃心声，性情中事也。发乎情，止乎礼义，故谓之性。亦须有才，乃能挥拓；有学，乃不虚薄杜撰。才学之用于诗者，如是而已。昌黎逞才，子瞻逞学，便与性情隔绝。（《渌水亭杂识》第四卷）

在《渌水亭杂识》中，有不少纳兰容若自己对于诗词的见解。

在纳兰容若看来，诗歌是心声的流露，要抒写心声，因为诗歌的写作是发乎情止乎礼的。而且在诗歌的写作中，要有学问，才不会去浅薄地杜撰，才会挥洒自如。

他一直在抒写着自己的心声，不加修饰，也不用华丽的辞藻，只是那么简简单单地，把自己的心声自然而然地表达出来，却是那么的真实而感人肺腑。

> 诗之学古，如孩提不能无乳姆也；必自立而后成诗，犹之能自立而后成人也；明之学老杜学盛唐者，皆一生在乳姆胸前过日。

纳兰容若还认为，作诗要学习古人，就像小孩子不能没有乳母一样。小孩子是先要有乳母抚养，然后才能长大成人独立的，学习作诗又何尝不是这样呢？前人的诗句就好比是乳母，学习的人就好比小孩子，需要先尽心尽力去学习前人的诗句，然后才能独立。

其实仔细想一想，这和我们现在的学习又有什么不一样呢？

学习之道，古往今来，一脉相承。

师者，传道授业解惑也，那么，学作诗，又何尝不是在学习前人经验的基础上前进呢？

熟读唐诗三百首，不会作诗也会吟，便是这个道理。

> 自五代兵革，中原文献凋落，诗道失传，而小词大盛。宋人专意于词，实为精绝，诗其尘饭涂羹，故远不及唐人。

自从五代开始战争连连，世道混乱，中原文化凋落了，诗歌衰落失传，而填词则兴盛了起来。宋代的人都喜欢填词，专心于此，所以成就极高，但是他们并不喜欢作诗，所以在作诗上，远远不及唐代的人。

诚然，我们现在一说起中国的古典文化，提到的都是"唐诗""宋词"。能够作为一个时代的象征，那定然是因为在这个方面，有着其他时代所无法企及、无法超越的成就，而唐诗宋词，正是如此。

> 曲起而词废，词起而诗废，唐体起而古诗废。作诗欲以言情耳，

生乎今之世，近体足以言情矣。好古之士，本无其情，而强效其体，以作古乐府，殊觉无谓！

有了曲子，词便荒废了；有了词，诗便被荒废了，唐诗兴盛起来，古体诗便渐渐没落。作诗不过是为了抒发心声，所以我们生活在现在这个时代，用近体诗就可以了，不用勉强自己去用那古体诗来抒情。一些好古之人，本来没有什么心情要抒发，只是为了仿古而勉强自己写作乐府，实在是觉得有些莫名其妙。

花间之词为古玉器，贵重而不适用。宋词适用而少贵重，李后主兼有其美，更饶烟水迷离之致。

纳兰词一向被评价为有后主遗风，这是举世公认的。

陈其年在《词话丛编》中写道："《饮水词》哀感顽艳，得南唐二主之遗。"而唐圭璋也在《词学论丛·成容若（渔歌子）》中这样说过："成容若雍容华贵，而吐属哀怨欲绝，论者以为重光后身，似不为过。"

"重光"便是后主李煜，而李煜的字，正是"重光"。

不管是当时的人也好，还是现在的人也罢，对纳兰容若的词深得后主遗风的评价，是一致的。

而纳兰容若自己呢？

对李后主，纳兰容若推崇备至。

花间之词为古玉器，贵重而不适用。宋词适用而少贵重，李后主兼有其美，更饶烟水迷离之致。

在纳兰容若看来，《花间集》这部中国最早的词总集，就像是贵重的古代玉器一样，漂亮却并不实用。

而到了宋代，李后主、晏殊、欧阳修、柳永、秦观、周邦彦、李清照等人，上承花间词，去其浮艳，取其雅致，运笔更加精妙，反映的社会现实更广泛，从而更加婉转柔美或豪放壮阔，开一代词风。

而宋词则是适用，却毫无贵重之感。

在纳兰容若眼中，李后主却是兼得花间词与宋词两者的长处，兼有其美，而且更加具有烟水迷离的美感。

第六节　一生至交顾贞观

在纳兰容若的至交好友之中，有一人的名字，是不得不提的，那就是顾贞观。

他与纳兰容若携手营救吴兆骞一事，传为佳话。

纳兰容若与顾贞观以五年之约为期，救出吴兆骞，而当时谁也想不到，康熙二十年吴兆骞当真回到了京城。

君子之约，竟是分毫不差！

在纳兰容若的渌水亭中，盖有几间茅屋。

也许是因为纳兰容若骨子里的那股向往山野隐士之意，在自己的别墅里盖上这么几间茅屋，别人看了大概觉得不解，纳兰容若却没有觉得有什么不妥的地方，反而在茅屋盖成后专门写了诗词送到江南，送到三年前就已经离开京城的顾贞观手中。

"君自见其朱门，贫道如游蓬户。"

这是出自《世说新语》里面的一个小故事。

高僧竺法深为简文帝的贵宾，经常出入豪门朱户，丹阳尹刘谈便问："道人何以游朱门？"竺法深答曰："君自见其朱门，贫道如游蓬户。"意思是说，丹阳尹刘谈问竺法深，说你是个和尚，怎么频繁地出入豪门朱户呢？竺法深回答说，在你的眼中是豪门朱户、高门大宅，但是在贫道的眼中，却和平民百姓的草舍茅屋没有什么两样。

这个典故，也是当初纳兰容若用来劝慰顾贞观的。

当初，顾贞观与纳兰容若交好，经常出入明珠府与渌水亭，惹来很多非议。

不过也难怪，毕竟纳兰容若乃是当朝豪门权贵之子，顾贞观不过一介布衣，很多人都认为顾贞观与纳兰容若结识，是趋炎附势另有目的。

世人议论纷纷，顾贞观也因此有些不自在起来，就在此时，纳兰容若以一句"君自见其朱门，贫道如游蓬户"，完全打消了好友的顾虑。

但是，天下没有不散的宴席，顾贞观终究还是离开了京城，回到江南。

回想起以前那些融洽欢乐的日子，纳兰容若便在自己的渌水亭，修建了几间茅屋，也是想告诉顾贞观，朱门绣户并不适合我们，这乡野茅屋才是我们真正的归宿，如今，茅屋已经修好，好友也该回来了吧？重新回到那段欢乐的日子里去。

"聚首羡麋鹿，为君构草堂。"

于是，纳兰容若一次又一次地向顾贞观发出召唤，希望他能够回到京城，回到自己身边，一阕《满江红》，几乎是毫无保留地抒发出了自己的心声。

问我何心，却构此、三楹茅屋。可学得、海鸥无事，闲飞闲宿？百感都随流水去，一身还被浮名束。误东风迟日杏花天，红牙曲。

尘土梦，蕉中鹿。翻覆手，看棋局。且耽闲殢酒，消他薄福。雪后谁遮檐角翠，雨余好种墙阴绿。有些些欲说向寒宵，西窗烛。

若要问"我"为什么要修建这三间茅屋，那远在千里之外的梁汾好友啊，你应该是最清楚的，不是吗？

那富贵荣华的豪门朱户生活，其实并不适合"我"。"我"多想像那自由自在的海鸥一样，随心所欲地飞翔啊，一切的烦恼都付之东流。但现实却是，"我"如今还被这现实的虚名给牢牢地束缚着，白白地耽搁了东风的轻拂、杏花天的美丽。

"尘土梦，蕉中鹿"，出自《列子·周穆王》中的一个典故。

昔日郑国人在山里砍柴的时候，杀死了一只鹿。他生怕被人看见，于是急急忙忙地把那只鹿藏到一个土坑里，还用蕉叶遮盖。哪知道这个人记性不太好，刚做过的事情就给彻底忘记了，不但不记得自己刚才藏鹿的地方，还以为是自己做了一场梦，回家的路上边走边念叨。他念叨的话被另外一人听了去，就依着他所讲的找到了藏鹿的地方，取走了鹿。

这人喜滋滋地扛着鹿回家，给妻子讲述了事情的原委，妻子说："你大概是梦到有这么一个人打死了鹿吧？如今当真扛回来一只鹿，难道是梦变成了现实吗？"

这个人笑着回答："不管是不是梦，反正鹿是真的，不是吗？"

庄周晓梦，谁知是在梦里梦外呢？

故事要是到这里结束，倒也算有趣，哪知还有下文。

那个砍柴的人回家之后，越想越觉得，那杀鹿的感觉是这样的真实，应该不是梦吧？他冥思苦想，结果日有所思，夜有所梦，居然梦到了那个藏鹿的地方，还梦到有人取走了他的鹿。醒来之后，他就找到那人，两人争执起来。

鹿究竟算是谁的，这可是公说公有理、婆说婆有理的事情，双方争执不下，就打起了官司，状子告到了士师那儿。

这官司委实有些奇怪，一时间士师也不知该怎么判决好，最后这样下的结论——

砍柴人打死了鹿，以为是做梦；后来另一个人取走了鹿，也以为是在做梦，这说明你们两人都以为是梦，并未真正得到这只鹿，不如将鹿分开两半，一人一半吧。

后来事情传到郑国国君的耳朵里，国君也觉得有趣，就拿这件事情去问国师，国师便说："到底是不是梦，并不是我们所能判断清楚的，只有黄帝与孔子二人才能分辨，但是此二人早已不在世间，所以，就不妨以士师的判断为准吧。"

所谓"庄周晓梦迷蝴蝶"，有时候，梦境与现实的界限是如此模糊，难以分辨。

纳兰容若在这里用了这个典故，颇有点为自己和顾贞观感慨的意思，下一句"翻覆手，看棋局"，更是清楚地写出，世事反复无常，就像那棋局一样，输赢不定。

顾贞观一生坎坷，半世艰辛，纳兰容若是不是从他的身上，也隐约看到了自己的一些影子呢?

当然,论际遇,两人是截然不同的。

但是际遇如此天差地别的两人,却能一见如故,互为知己,不得不说,在他们两人之间,有些方面定是相同的。我想,相同的正是这首《满江红》中的那句"百感都随流水去,一身还被浮名束"吧?

康熙二十年的时候,一位不寻常的客人,从塞北苦寒之地的宁古塔,来到了京城。

"绝塞生还吴季子",此人正是吴兆骞。

吴兆骞被流放宁古塔,到如今,已经过去了二十三年。

他的到来,顿时震惊了整个京城。

吴兆骞一案是顺治皇帝亲自定的案,后来经过纳兰容若等人的大力斡旋,康熙特赦,吴兆骞终于得以回到了中原。

才人今喜入榆关,回首秋笳冰雪间。

玄菟漫闻多白雁,黄尘空自老朱颜。

星沉渤海无人见,枫落吴江有梦还。

不信归来真半百,虎头每语泪潺湲。

对于吴兆骞的平安归来,纳兰容若真是欢喜万分。

他并未见过吴兆骞,唯一的联系,就是因为他们共同的朋友——顾贞观。

倾盖如故,指的便是此了吧。

即使素不相识,只因顾贞观是自己的朋友,所以,他的朋友也是自己的朋友!朋友有难,怎么能不倾力相助呢?

在宁古塔二十多年的艰苦日子，吴兆骞早已不是当年那个意气风发的轻狂文人，白山黑水的苦寒让他两鬓苍苍、形容憔悴。

见到历经艰险终于生还的吴兆骞，顾贞观潸然泪下。

第二年的正月，上元夜，纳兰容若邀请了一干好友在花间草堂集会，饮酒赋诗。

当时赴宴的人，有曹寅、朱彝尊、陈维崧、严绳孙、姜宸英等，还有顾贞观和刚刚返京的吴兆骞。

花间草堂便是当初纳兰容若为顾贞观修建的茅屋，名字起自《花间集》，大家会集于此，看着走马灯上琳琅满目的图案，纷纷填词作诗。

走马灯转来转去，转到纳兰容若面前的时候停了下来，正好是一幅文姬图。

文姬，是汉代才女蔡文姬。

这也是一位命运多舛的女子，身为当时大名鼎鼎的文学家、书法家蔡邕的女儿，自小耳濡目染，博学多才，先是嫁给了卫仲道，夫妻恩爱，哪知不到一年，丈夫就病故了。蔡文姬回到娘家，父亲又被陷害入狱而死，她自己也被匈奴人掳走。匈奴兵见她年轻貌美，就献给了匈奴左贤王为妃，一去就是十二年。直到后来曹操统一了北方，想起恩师蔡邕，用重金赎回了蔡文姬，成就"文姬归汉"的佳话。

蔡文姬也是著名的才女，为后世留下了传颂千年的《胡笳十八拍》与《悲愤诗》。

如今，眼前白发苍苍的吴兆骞，与昔日的蔡文姬是何其的相似。

一样悲伤，一样坎坷。

吴兆骞是当世的名士，蔡文姬是当时的才女，时间穿越千百年，命运再度轮回重现。

于是一首《水龙吟》，纳兰容若一挥而就。

须知名士倾城，一般易到伤心处。柯亭响绝，四弦才断，恶风吹去。万里他乡，非生非死，此身良苦。对黄沙白草，呜呜卷叶，平生恨、从头谱。

应是瑶台伴侣。只多了、毡裘夫妇。严寒黶篥，几行乡泪，应声如雨。尺幅重披，玉颜千载，依然无主。怪人间厚福，天公尽付，痴儿呆女。

在这首词中，纳兰容若以蔡文姬来比拟吴兆骞，是那么顺理成章。

"须知名士倾城"，古来倾城的，又岂止是美人呢？才子名士，不是一样也能倾城吗？

当年蔡邕曾用柯亭的竹子来制作笛子，笛声独绝，如今，柯亭声绝，蔡邕已死，那精通音律的蔡文姬，却被掳到了千里之外的匈奴。

那时候，卫仲道刚刚病故没多久，悲伤之中的蔡文姬，哪里还有心情弹琴呢？

"四弦"，出自《后汉书·列女传》引《幼童传》中的记载，说一天夜里，蔡邕弹琴的时候，一根琴弦断了，当时年幼的蔡文姬就说，断掉的是第二根琴弦。蔡邕觉得讶异，以为是女儿偶然猜中，于是又故意弄断了一根，蔡文姬又说，断掉的是第四根，还是说中了，丝毫不差。蔡邕十分惊奇，不禁感慨自己女儿的音乐才华已经远远超过了自己，因而蔡文姬得了"四弦才"的雅致别号。

如果不是因为乱世，如果不是因为这些不幸，以蔡文姬之才貌双全，即使成为皇帝后妃也不为过吧？更遑论是与丈夫恩爱幸福，终老一生呢？

可命运是如此的残酷，她如今却身在万里之外的匈奴，与匈奴王成为了夫妻。她怎能不思念家乡、思念中原？但只能两行清泪潺潺而下。

纳兰容若的这番描述，虽然是命题而作，写的是蔡文姬，但是结合当时吴兆骞的遭遇，又何尝不是在说吴兆骞呢？

这首《水龙吟》，后来极具盛名。

纳兰容若在这首词中，用典之纯熟，已经臻于化境，古时的典故与现在的现实相互混合，亦真亦假，亦梦亦幻，把蔡文姬的典故化用到吴兆骞身上，写的是那么自然，没有丝毫生硬之处。

在那北风呼啸的地方，每当风中传来胡笳乡曲，吴兆骞是不是也像当年的蔡文姬一样，思念家乡，潸然泪下呢？

后来，蔡文姬被曹操用黄金玉璧赎了回来，而吴兆骞，也被自己和顾贞观千里迢迢地营救回来，是不是也该苦尽甘来了呢？

康熙二十一年，新年刚过，吴兆骞就成为了纳兰容若的弟弟揆叙的授课老师。秋天，他南归省亲。

也许是二十多年的苦寒岁月，让吴兆骞再也无法适应江南的温暖天气，再加上常年居住在宁古塔的恶劣环境中，严重损害了他的健康，吴兆骞一病不起，康熙二十三年在京师病故。

对于吴兆骞的身故，纳兰容若是十分悲伤的。他在随同康熙南巡离京之前，曾经给严绳孙写过一封信，信中就说，吴兆骞病重，"我"这一去，回来的时候还不知能不能再见到他。不无哀叹之意。

在当年那个上元夜，他写下那首《水龙吟》的时候，曾经在结尾写过这么一句"怪人间厚福，天公尽付，痴儿呆女"。

就像俗话说的那样，傻人有傻福。从吴兆骞的遭遇，纳兰容若不禁这样问道：为什么上天总是把福泽赐予那些平庸之人呢？为什么像蔡文姬这样的倾城才女，一生的遭遇会如此的悲惨？像吴兆骞这样的倾城名士，又为什么会如此的坎坷呢？

这是纳兰容若对命运无声的质问。

那时候他也完全没有想到，后来这几句话，竟也应在了他的身上，情深不寿。

第四章 婚姻 感卿珍重报流莺

"感卿珍重报流莺。惜花须自爱,休只为花疼。"

康熙十三年,纳兰容若娶妻卢氏。

对于纳兰容若的初恋,明珠、觉罗氏等一干大人不会没有察觉,只是再怎么两小无猜、才貌双全对他们来说,意味着的,不是有情人终成眷属的美满,而是如何才能最大限度地利用这一双儿女的才与貌,来为他们的家族争取到更大的利益,与更稳固的靠山。

也许明珠、觉罗氏等人一开始也曾想过让这对孩子白头偕老,顺水推舟,成就一段才子佳人的完满童话。

可童话的最后,往往只是写"王子与公主从此幸福地生活在一起",而从来只字不提之后的柴米油盐,更只字不提当童话结束之后,随之而来的种种现实。

成人的世界总是残酷的。

所以那来自外星球的小王子一直不愿长大,他宁愿永远是个单纯的孩子,看着自己那株心爱的玫瑰,在湛蓝的天空下慢慢绽放花蕾。

纳兰容若却不能不长大,不能不在家族的安排下,踏上那条早已安排好的道路,即使心有不甘。

惠儿被送进了皇宫,纳兰容若则准备着参加科考,准备着踏上仕途。

还有一个问题,也摆在了纳兰容若的面前,让他不得不去面对。

他已经到了该成婚的年纪!

第一节　妻子卢氏

纳兰容若的第一位妻子卢氏,乃是两广总督卢兴祖的女儿。

论家世,两人门户相当,对习惯用审视的目光来看待一切的成人们来说,是一个非常好的选择。

论相貌,据说卢氏"生而婉娈,性本端庄",是相当有才华而且性格温柔的女子。

纳兰与卢氏,倒真真像是天造地设的一对。

卢氏的出现,也让决心要慢慢忘记表妹、忘记那段年少感情的纳兰容若,重新找到了生命中另外一抹亮色,另外一段美满的感情。

康熙十年，也就是辛亥年。

这一年的二月份，原本担任左都御史的明珠，接到一道命令，让他与徐文元两人担任经筵讲官。

什么是经筵讲官呢？

就是给皇帝讲解经义的角色，只是个虚衔，就是去当皇帝的老师。给这个天下最尊贵的学生讲书念书的，一般都是翰林院的饱学之士。

徐文元是国子监祭酒，相当于现在的教育部长兼大学校长，而且这大学还是重点名校，当皇帝的老师，那倒是实至名归，毫无异义。

明珠也担任这个职位，却有点挂名充数的感觉。

其实，就是徐文元是汉人，这让八旗贵族的王爷们有些不爽了。

要是这徐文元讲着讲着把咱们的皇上给讲成了反清复明的斗士那怎么办？

所以他们左思右想，干脆把明珠给推出来和徐文元一起当这个皇帝的儒学师傅！

矮子队里选高的，和其他旗人相比，明珠确实算得上精通儒家文化了，当然和徐文元这饱学之士相比，那是相差了老长一截儿！

不过也没什么人在乎，大家都知道，这是因为讲官队伍里需要一个有分量的旗人大臣罢了，难道还当真指望他给皇帝讲书不成？

巧合的是，徐文元又是纳兰容若的老师，或者说是校长！

那年纳兰容若也刚上了太学，身为国子监祭酒的徐文元，对这名聪慧过人，精通儒家文化的学生是深为器重，赞不绝口。

对明珠而言，这"经筵讲官"是个虚衔，他当时是左都御史，公务繁忙着呢。

当然，那时候，明珠也万万没有想到，就在这一年的十一月，他被一纸调令，升为了兵部尚书。

明珠扶摇直上，其他人自然会忙不迭地前来巴结，本来就是众家少女心目中理想夫婿的纳兰容若，也就当仁不让地成了香饽饽，顿时身价百倍、炙手可热。

年纪轻轻，却没有半点飞扬跋扈之气，反倒是个举止闲雅的风采公子，也就难怪少女们会为之倾心了。

明珠想必也知道自己儿子有多炙手可热，他倒是不急，他在慢慢地寻找着最合适的人。

要是说明珠只顾着自己的政治生涯把儿子的终身幸福拿来做了筹码的话，也未免有失公允，毕竟婚后的纳兰容若与卢氏，夫妻恩爱，举案齐眉，感情十分深厚。卢氏因产后风寒过世之后，纳兰容若因为悲伤，写了不少悼念亡妻的词句，这都是有目共睹的。

不过站在明珠的角度，究竟是因为卢氏是两广总督的女儿才选择了这个儿媳呢，还是这个儿媳恰好是两广总督的女儿，已经说不清楚了。总之，当纳兰容若与卢兴祖的女儿定亲的消息传出来之后，京城里有多少少女那期待的芳心霎时间全碎了，就不得而知了。

对于这门婚事,纳兰容若并没怎么反对。

或许是因为他很清楚地知道,自己与表妹已经再无相见的机会,从此萧郎是路人,他与她,此生无缘,她在皇宫之中,而自己……是不是也该从年少的轻狂之中渐渐成熟了呢?

所以,面对父亲的提议,纳兰容若只是默默地点了头,应允了这门婚事。

这门婚事在当时来说,完全称得上是一场天作之合,双方门第相当,权贵与权贵的结合。男方年少英俊,才气逼人;女方贤良淑德,温柔端庄,无论从什么方面看,都是天造地设的一对璧人。

不过,当时的婚姻还是包办的,自己的另一半不到新婚之夜是看不到真面目的,西施也好,东施也罢,不到揭盖头的刹那,一切都只是想象。

所以,纳兰容若虽然早就从父母的口中得知对方才貌双全,不亚于表妹,几乎挑不出什么毛病来,但毕竟从未见过面,心中也不禁有点忐忑。

换作卢氏,又何尝不是?

她是大家闺秀,从小在深闺之中娇生惯养,大门不出二门不迈,鲜有踏出去的机会。即使如此,她也并不孤陋寡闻,早就听说过纳兰容若的大名,甚至和其他无数的少女一样,也曾在听到那文雅的名字的时候,芳心暗跳。所以当听到父母说自己未来的丈夫就是那公子纳兰容若的时候,卢氏竟惊讶得愣住了。

对父母给她定的这门婚事,自然她也毫无异义,少女羞涩着,一声不出,这在父母的眼中,则代表了应允同意。

纳兰容若写过一首《临江仙》——

绿叶成阴春尽也,守宫偏护星星。留将颜色慰多情。分明千点泪,贮作玉壶冰。

独卧文园方病渴,强拈红豆酬卿。感卿珍重报流莺。惜花须自爱,休只为花疼。

这首词里面,纳兰容若用了不少与爱情相关的典故,所以这首词一般都是被归为爱情一类。

当然,确实如此。

纳兰容若的词作里面,以爱情为主题的,占了大多数,如果说他少年时候的那些词,还透着一股年轻人的轻狂与无忧无虑,那如今经历过一场感情挫折的纳兰容若,在词间流露出来的,是隐隐带着一缕忧郁的清冷味道。

这首《临江仙》自然也不例外。

"绿叶成阴春尽也",明显乃是化自唐代诗人杜牧《叹花》一诗中的句子:"自恨寻芳到已迟,往年曾见未开时。如今风摆花狼藉,绿叶成阴子满枝。"

故事讲的是昔日诗人在家乡遇到一位倾心的姑娘,又担心自己配不上她,于是决定去京城打拼前途,等到多年后他终于成为一名官员,觉得已经有本钱去提亲了,于是返乡,哪知昔日的心上人早已成婚多年,连孩子都有几个了,诗人遗憾之际,便写下了"绿叶成阴子满枝"的诗句。

"独卧文园方病渴"这句,纳兰容若是在自比司马相如了。

汉代的时候,司马相如曾为孝文园令,患有消渴疾,故此后文人常自称文园，也以文园病渴来指代文人患病。

而这里，纳兰容若除了自比司马相如之外，下一句"强拈红豆酬卿"，也是借红豆的典故描写相思之情。

或者说，是对未来妻子的憧憬之情。

总之，对于已经"名花有主"的纳兰容若来说，他的词里面，爱情的主题开始逐渐多起来。

十八年来堕世间，吹花嚼蕊弄冰弦。多情情寄阿谁边？

紫玉钗斜灯影背，红绵粉冷枕函偏。相看好处却无言。（《浣溪沙》）

纳兰容若的妻子是明珠与觉罗氏夫妇亲自为爱子挑选出来的媳妇儿。

父辈们甚为满意这位人选，两家人都颇为期待这场婚礼。

也许有人要说，这卢兴祖看姓氏不是汉人吗？清朝一直坚持满汉不通婚，怎么身为满族贵族的明珠家，却和身为汉人的卢兴祖结成了儿女亲家？

其实这是一种误解，所谓的满汉不通婚，指的并不是满族与汉族相互间不通婚，而是限制旗人与非旗人通婚。卢兴祖是汉军镶白旗人，任两广总督，封疆大吏，对明珠家来说，是个最好的选择。

除开一双儿女的匹配，明珠考虑的，还有一些政治上的因素。

他自己是京官，朝廷要员，而未来亲家是封疆大吏，朝廷与地方，一旦被姻亲这条纽带牢牢地系在一起，那就是一件互惠互利的事情，稳赚不赔！

当时纳兰容若的这场婚礼，在某种程度上来说，也算得上是万众瞩目。

首先，这是康熙的心腹重臣明珠家的喜事，结亲的另外一家是两广总督、封疆大吏，可谓是强强联手。

其次，就是因为这场婚礼的主角儿，是京城众多少女心目中的白马王子。

总之，不论外界反应如何，到了成亲的好日子，明珠府顿时喧天地热闹起来。

这一场喧哗直到快深夜的时候，才渐渐地安静下来。纳兰容若也终于有了机会，与那刚刚拜堂成亲的妻子单独相对。

那卢氏究竟是什么样的呢？根据记载，说卢氏"生而婉娈，品性端庄，贞气天情，恭客礼典。明珰佩月，即如淑女之章，晓镜临春"，然后又说她是"幼承母训，娴彼七襄，长读父书，佐其四德"，看来，在当时，大家都公认卢氏是一位端庄美丽、家教严谨的淑女。

而这些称赞卢氏的话，想必父母也早已给纳兰容若一遍又一遍地讲过，所以在踏进新房的时候，他心中，还是兴奋地期待着的。

婚床旁站着长辈与侍女，床沿正中，坐着刚与他拜堂成亲的新娘。

少女穿着一身大红金线绲边绣满吉祥花纹的新娘妆，头上盖着同样绣满了吉祥花的大红色盖头，双手规规矩矩地放在膝盖上，动作优雅，坐姿优美，但还是看得出来，新娘隐隐有些紧张与……

拘束。

或者说是不安。

毕竟她也与纳兰容若一样，面对着的，是全然陌生的，却要与自己从此携手度过后半生几十年的人，虽然早就听说过对方的名字，但如今当真面对面了，却又羞涩胆怯起来。

她盖着盖头，看不见对方的相貌，只能从盖头下偷偷地看，却只能见到一双穿着靴子的足，缓缓地走向自己。

少女一下子更紧张了，纤长的手指局促地紧紧抓住了自己的衣角。

对方似乎也有些紧张，脚步踌躇起来，像是呆站了半晌，才在周围长辈们的戏谑声与侍女们的轻笑声中，拘谨地揭开了新娘子的红盖头。

这时，她才第一次看见他的脸。

他，也是第一次见到自己的妻子。

新娘羞涩却惊讶地睁大了双眼。

她没有想到，纳兰容若会比自己想象中的更加儒静，更加的清俊文雅，她漂亮的面孔顿时红得仿若玫瑰花瓣一样。

纳兰容若也是一怔。

烛光下，少女的面孔还带着新娘特有的羞涩红晕，那张脸并不是多么倾国倾城的美艳，却是眉清目秀，眼波清澈，带着一种温柔亲和的感觉。

相看却无言。

周围的人早已经识趣离开了，把这个空间留给了这对刚刚结为夫妻的年轻人。

都说一见钟情，对如今的纳兰容若与卢氏来说，更像是一见倾心。

蜀弦秦柱不关情，尽日掩云屏。已惜轻翎退粉，更嫌弱絮为萍。
东风多事，余寒吹散，烘暖微醒。看尽一帘红雨，为谁亲系花铃。（《朝中措》）

纳兰容若与卢氏少年夫妻，十分恩爱美满，这是有目共睹的。

两人都是青春年少，最浪漫的年纪，再加上一见倾心，所以从纳兰这个时期的诗词，任何人都能感受到他们之间的那种令人心旷神怡、悠然神往的感情。

新婚夫妻，自是风光旖旎的。

在小两口的眼中看来，这个世界的任何事物，都是那么的美好。甚至于纳兰容若因为急病而错失殿试的遗憾，也在婚后的岁月中慢慢消失在了脑后。

卢氏入府后很快就赢得了府中上上下下的喜爱。

明珠与觉罗氏颇为满意这个儿媳，下人们也十分敬重这位少夫人，纳兰容若发现，卢氏在很多的方面与他都很为相似。

例如对很多事物的见解，有着一份同样难得的纯真！

也许是因为新婚生活的美满，纳兰容若在这段时间所写的词，也同样地带着难掩的幸福与旖旎。

"蜀弦秦柱不关情"中的前面四个字，指的是筝瑟。相传筝这种乐器乃是秦朝时候的名将蒙恬所造，所以又称作秦筝、秦柱，而传说蒙恬也是文武双全之人，武能平定六国、驱逐匈奴，文可为秦始皇出谋划策，为公子扶苏的老师。而这里纳兰容若借用秦筝的典故，是不是也有点自比蒙恬的意思呢？

也许，更像是一次夫妻抚琴弄舞之间的玩笑话。

看着眼前身姿婀娜绰约的妻子，纳兰容若自然也不甘落后，戏谑地说一句："蜀弦秦柱不关情。"

屋内还有些寒气，和煦的东风从窗户吹了进来，把那淡淡的寒意缓缓吹散了，暖意融融，令人陶醉。

帘外的花瓣儿被吹得纷纷落下，仿若红雨一般。

花树下，那纤细婀娜的身影正婷婷地站着，为了防止那些鸟雀把娇嫩的花儿给啄伤，她正一个一个地往花柄上系小小的护花铃。

护花铃很小，所以卢氏全神贯注地做着这件事，身后传来熟悉的脚步声，卢氏只微微回头，嫣然一笑，面如桃花。

那笑容温温柔柔的，就像是三月的春风，曲曲绕绕地钻进了纳兰容若的心里，那温暖慢慢地蔓延开来，直到溢满心房。

旋拂轻容写洛神，须知浅笑是深颦。十分天与可怜春。

掩抑薄寒施软幛，抱持纤影藉芳茵。未能无意下香尘。（《浣溪沙》）

纳兰词的整体风格偏向清丽哀婉，这是众人都公认的，不过，即使如此，在纳兰容若的词作里面，也并非全部都是婉约的、哀伤的，也有"何年劫火剩残灰""休寻折戟话当年"的雄浑之作，更有欢快的轻松之作。

就像这首《浣溪沙》。

这是纳兰词里很少出现的带着轻松与欢愉情绪的作品。

"旋拂轻容写洛神",开篇第一句,便活灵活现地描写出一幅夫妻间相处愉快的画面。

对当时新婚宴尔的纳兰容若与卢氏来说,每一分每一刻在一起的时光,都是十分幸福的,再加上当时的纳兰容若还未入仕,所以不存在什么被公务所扰的问题,两人从而可以完完全全地生活在属于他们近乎完美的世界中。

其实纳兰容若不光在词上有着耀眼的成就,在绘画方面也是颇有造诣的。

纳兰容若对琴、棋、书、画均颇有研究,曾经师从禹尚基、经岩叔等人学习绘画,后来更与严绳孙、张纯修等画家成了好朋友。

纳兰容若的书房,一向都是自己亲自收拾的,有了卢氏之后,这个工作,便不知不觉被卢氏无声无息地接了过去。

每天,卢氏都会细心地替他整理好书桌,再在案上摆上一瓶时令的鲜花,让那淡淡的花香飘散在空气里,沁人心脾。

这天,纳兰容若和往常一样,缓步前去书房,刚走到门口,就听见卢氏轻柔的说话声。

"原来这幅画放在这儿了。"

纳兰容若好奇。

平常这个时候,卢氏早已收拾完书房了,今日却是为何耽搁了呢？

他好奇地迈进去，却见卢氏正与小侍女在一起，手里拿着一幅画，微微歪着头，那神情有些疑惑，又有些高兴。

就像是一个发现了新玩具的孩子一般。

听见丈夫的脚步声，卢氏也未把那幅画收起来，而是回头看着丈夫，清秀的面孔上绽出温和的笑容。

"在看什么？"纳兰容若走上前，却见那是一幅洛神图。

"你画的？"纳兰容若问道。

卢氏摇了摇头，微笑道："不是。"

纳兰容若听了越发好奇，便细细看去。

大概是不知名的画家所作，并未题款，也没有印章，但线条细腻，用色淡雅，画中的洛神飘然于碧波之上，当真是翩若惊鸿、婉若游龙，身姿绰约，仿佛兮若轻云之蔽月，飘摇兮若流风之回雪。洛神的脸微微向后侧着，低着眼，像是正在看向身后，又像是正在依依不舍地收回目光，相当传神。

纳兰容若好奇地看着，突地想起，新婚之夜自己与妻子的初见，岂不是当年曹植初见甄宓一般的心情吗？

画中的女子貌若芙蓉，云鬓峨峨，瑰姿艳逸，当真是神仙之态。

而眼前正淡淡微笑着的女子，又何尝不美呢？

也许是情人眼里出西施，在纳兰容若的眼中，妻子卢氏又何尝不是"仪静体闲，柔情绰态"？

无论是浅笑、皱眉，还是娇嗔、害羞，种种的神态，种种的表情，都是美的。

纳兰容若从妻子手中接过画轴来,当下就挂在了墙上。

曹子建终究与甄宓错身而过,下半辈子,他只能在回忆中苦苦追寻着自己的洛神,回想起以前的种种,到如今都成了钝刀子割肉,长长久久地伤痛。

自己与曹子建相比,该是幸运的吧?

心爱的妻子就在自己眼前,执子之手,自然是能够与子偕老的!

那时候的纳兰容若完全没有怀疑。

他真的以为,与妻子就能这样一直下去,直到天长地久。

但是熟读诗书的纳兰容若似乎忘记了,白居易的《长恨歌》中,"天长地久"四个字之后的,是"有时尽"。

他怎知道,这段幸福的时光,只有三年而已。

所以他才会轻轻地说一句——

"当时只道是寻常。"

第二节　妾室颜氏

后人说起纳兰容若,最常用的八个字,就是"慧极必伤,情深不寿"。

的确,我们读纳兰词,最先感受到的,就是在那字里行间流露出来的对恋人、对妻子的深情。

不过我们也要辩证地看问题。

纳兰容若毕竟是清代人,那时候,男人三妻四妾很正常,尤其是像纳兰容若这样的豪门贵公子,如果只有一位妻子,那在外人看来,是完全不可想象的事情。

所以,纳兰容若在妻子卢氏之外,还有一位妾——颜氏。

颜氏家世不详,并没记载她是哪家的女儿,也并未像卢氏一样,有人专门赞扬她美丽端庄、贤良淑德。

大概,她只是个普普通通的旗人家女儿。

因为"满汉不通婚",所以,颜氏应该是旗人,当然,论家世,那是肯定比不上正室卢氏的显赫。

关于纳兰容若是什么时候纳了颜氏为妾的,有两种说法,一种说颜氏入门是在纳兰容若与卢氏大婚之前;另外一种说是在纳兰容若新婚没多久。

但不管是哪一种,唯一相同的就是,颜氏进了明珠府,而她进门的目的,或者说是作用,就是赶紧传宗接代,扩大门楣。

这也是明珠与觉罗氏忙不迭地为儿子娶妾的原因。

他们想要赶紧看到孙子辈的孩子!

对于父母的这个要求,纳兰容若不得不接受,也不得不接受这个突如其来的妾室。

因为这是他身为长子的责任!

而颜氏呢?

她对自己的命运,对自己成为纳兰容若的妾室,又是怎样的感觉呢?

我们无从得知,甚至在被人们所津津乐道的、关于纳兰容若与表妹、卢氏、续弦官氏还有沈宛之间缠绵悱恻的爱情故事背后,颜氏总是被遗忘到角落里，一如她在丈夫身边的尴尬地位。

卢氏性格温厚，她并未因为自己是正室而处处刁难颜氏，也未仗着纳兰容若的宠爱而有恃无恐，反倒是对颜氏温柔亲厚，俨然姐妹一般。

颜氏则顺从恭谦，全心全意尽着她身为妾室的责任，与卢氏一起，把丈夫伺候得无微不至。

但是，她却往往被人遗忘，彻底被湮没在纳兰容若与卢氏琴瑟和鸣举案齐眉的爱情光环之下，悄然跟随在丈夫的身边。

人生若只如初见，何事秋风悲画扇？等闲变却故人心，却道故人心易变。

骊山语罢清宵半，泪雨零铃终不怨。何如薄幸锦衣郎，比翼连枝当日愿。（《木兰花令》拟古决绝词）

颜氏从进门的那一天开始，就默默地接受了自己的命运。

她平静地看着纳兰容若与卢氏天天抚琴念诗；看着纳兰容若在卢氏亡故之后痛不欲生；看着丈夫后来续弦官氏，更有了情人沈宛。面对这一切，颜氏只是默默地选择了接受，甚至于在纳兰容若病故之后，她也选择了留下，守护一生，甘之若饴。

在纳兰容若的一生之中，感情所占的比重是不可忽视的，其中，又被进宫的表妹、卢氏与沈宛各占据了三分之一，颜氏则像是被完全遗忘了。有时我不禁心想，或许对颜氏的感情，纳兰容若并非一无所知，也并非一无所动吧？

他不是不知道颜氏对自己的感情，只是一个人的心可以很大很大，包容爱人所有的一切，也可以很小很小，小得只够容纳下一个人。

于是我更愿意相信，纳兰词中这句家喻户晓的"人生若只如初见，何事秋风悲画扇"，或许有那么几分的可能，是写给颜氏的，写给那被自己不得不辜负了的女子。

人生若只如初见，当初与颜氏的第一次见面，其实也是那么美好而且淡然吧？

与表妹、卢氏、沈宛等人不同，纳兰容若与颜氏之间的感情，是平静又安稳地发展着，没有跌宕起伏的浓烈感情，也没有生死与共的焚心似火，只是像潺潺的流水一样，平淡的、静静的，在两人相处的岁月中慢慢地酝酿，最终转为仿佛亲情一样的爱情。

君子之交淡如水，我想，纳兰容若与颜氏之间的感情，也是这般淡如水，却柔如水、韧如水的。

纳兰容若如此聪明而且善解人意，怎么会不知自己有多爱卢氏，就有多辜负颜氏？

他并不是看不到颜氏的好，只是天意弄人，他已经不能再把心分出来一块给那位可怜的女子，唯一能说的，只有一句"对不起"。

当时初见，是如此的美好，哪里想得到后来的分离？

"何事秋风悲画扇"，这句用的乃是汉代班婕妤的典故。

班婕妤是古代的名女子之一，也是才女，是汉成帝的妃子，后来被赵飞燕陷害，自愿去长信宫侍奉王太后，等于是退居冷宫，后来孤零零地过完了一生。她曾写了一首诗《怨歌行》，用团扇来形容自己，抒发被遗弃的怨情。这里，纳兰容若是说，本来相亲相爱的两人，为何会变成如今的相离相弃？

也许他是借着这首词，写出自己对颜氏说不出口的愧疚。

不是你不好，只是前前后后，阴差阳错，刚好晚了那么一点儿时间，于是只好辜负了你。

如果不是这样，从当初一见面开始，我们也是能够相亲相爱的吧？

只是如今"我"还来不及向你说出自己的心意，命运便无情地让我们生离死别。

很多时候，当我们迟疑的时候，只是以为还有时间去开口。

很多时候，当我们后悔的时候，才发现早已是故人心变，物是人非。

多年以后，当颜氏看着丈夫遗留下来的《饮水词》，读着这首《木兰花令》，会不会潸然泪下？会不会在念吟着"比翼连枝当日愿"的时候，回想起当年与丈夫之间平淡的点点滴滴，如今却是一分一毫都让她怀念不已。

这首《木兰花令》还有着一个小小的副标题——

"拟古决绝词"。

决绝词是什么呢？是古乐府旧题，属于乐府诗中的相和歌辞。

如今纳兰容若用了这个古老绝情的题目，难道是要与爱人决绝吗？

自然不是。

他写出这首决绝词，无非是想到，自己总有一天会离去，徒惹亲人们伤心,不如就让自己来当一次无情的决绝之人吧。

他与人保持着距离,是怕当相互之间感情深厚之后,会因为时光的流逝而不得不分离。世界上多远的距离,都比不过生与死的隔阂!只是一个字的差异,却代表着永不相见。

所以,他才会在生命的最后关头,对官氏、沈宛、颜氏那么冷淡。

谁道飘零不可怜,旧游时节好花天。断肠人去自经年。
一片晕红才著雨,几丝柔绿乍和烟。倩魂销尽夕阳前。(《浣溪沙》)

这首《浣溪沙》,据说是纳兰容若在见到海棠花开之后写的。

海棠多开在春季,盛开之后煞是好看,也难怪纳兰容若会写下这首词了。

从词里行间看,描写的确实是海棠。

无论是"飘零",还是"晕红",都是海棠花盛开之后,从枝头缓缓落下的画面。

海棠在古代的诗词中出现次数很多,最家喻户晓的,应该就是宋代女词人李清照的《如梦令》吧?

昨夜雨疏风骤,浓睡不消残酒。试问卷帘人,却道海棠依旧。知否?知否?应是绿肥红瘦。

易安居士笔下,惟妙惟肖地写出了爱花人对自然事物的爱惜,其中"绿肥红瘦"四个字,更是被人津津乐道,交口称赞。

那经历过一夜风雨之后的海棠,艳丽的花儿已不复昨日的繁丽，显得憔悴零落，只有那翠绿的叶子，却越加青翠娇艳了。

这样一幅雨后海棠的画面，出自李清照的笔下。

在纳兰容若的词中，海棠又有了另外一番风情。

正是海棠花开的好季节，院子里海棠树的花枝上，晕红的海棠正娇艳地绽放着。

昨夜也下了一场小雨，花瓣上还残留着雨珠儿。微风吹过，雨珠就从摇曳的花枝上纷纷落下，翠绿的枝叶轻轻地摇动着。那绿色是那么的柔和，衬托着晕红的海棠花。

也许这株海棠上，当真栖息着海棠花神吧？那美丽的花神，又是在想念着谁？

断肠人在天涯，可又有谁知道，断肠人也许就在眼前呢？颜氏又何尝不是断肠人呢？

夕阳西下，看着院子的那株海棠，颜氏只是站得远远地看着。

她无法过去，正如清晨的时候，看到纳兰容若与卢氏在海棠花前笑着、说着，开心地赏花，那两人的背影是如此相配，又如此天造地设，完全没有第三个人插足的余地。

如今，人影早已不在，只有那株海棠还依旧，自己依旧无法走过去，走近纳兰容若曾经走过的地方。

康熙十四年，纳兰容若二十一岁。

在这一年，纳兰容若有了他的第一个孩子——富格。

纳兰容若一生共有三子四女，后来其中一个女儿嫁给了雍正年间的骁将年羹尧。

他的长子富格出生于康熙十四年，这一年对明珠府来说，双喜临门。

十月的时候，明珠又被调为吏部尚书。

从兵部尚书到吏部尚书，明珠的仕途越走越通畅，越走越顺利，康熙对他的倚重是如此明显，任何人都看得出来，他是皇帝跟前最炙手可热的大臣！

而在府内，让上上下下都开心欢喜的是颜氏果然不负众望，为纳兰容若生下一个儿子。

颜氏的温柔、惠淑，让本来不得不纳妾的纳兰容若，也逐渐开始接受了这名静美的女子。如今，他当父亲了！

但是，与对卢氏的爱情不同，他对颜氏，更多的是敬重。

颜氏并未因为丈夫对正室的宠爱而心生怨恨，一直都是那么的安静、宽厚，与卢氏相处融洽，让明珠府里的人都为之敬佩。

这个孩子从出生的那一刻开始，就受到了全家人的喜爱，明珠更亲自为孙子起名，叫作"富格"，也有种说法叫作"福哥"。

寻常人家给孩子起名字，一般都会用吉祥的字眼，表示对孩子的祝福与期望。明珠家虽然是权贵，也一样不能免俗，小小的还未睁开眼睛的富格，就拥有了来自家人的第一份礼物——名字。

纳兰容若初为人父，难掩欢喜之情，卢氏更是欢欣不已，就像这个孩子是她亲生的一样，不但对富格疼爱有加，连对产后虚弱的颜氏，照顾得也是无微不至。

在纳兰容若那短暂一生的感情生活中，没有那种小气善妒的女人，搅得全家鸡犬不宁，反而个个都是那么的大度与温厚，好像纳兰容若那宽厚真诚的性子，也感染了他身边的女人们，她们展现出来的，都是人性之中的美好与真诚。

在这段时间内，纳兰容若是幸福的。

他有着显赫家世，有着天赋才华，有着娇妻美妾，如今更有了健康的儿子，人生至此，夫复何求？

所以，这时候他写的词，大多洋溢着幸福，描写他们的夫妻恩爱。

好比这首《蝶恋花》：

露下庭柯蝉响歇。纱碧如烟，烟里玲珑月。并著香肩无可说，樱桃暗吐丁香结。

笑卷轻衫鱼子缬。试扑流萤，惊起双栖蝶。瘦断玉腰沾粉叶，人生那不相思绝。

也许是在某一天风和日丽，纳兰容若看见院子里，卢氏正抱着小小的富格站在树下，身旁，是已经可以起身散步的颜氏。她坐在躺椅上，仰着秀美的脸，温柔地看着卢氏，还有怀中的富格。

树上，夏蝉的鸣叫声此起彼伏。也许是被蝉叫声从睡梦中惊醒，富格突然"咯咯咯"笑起来，伸出了小小的拳头，对着空气一张一抓，仿佛要抓住那弥漫在空气中的清脆叫声。

富格的这个样子，让卢氏与颜氏也不禁笑了起来。

像是心有灵犀一般，卢氏突然回头，看见了不远处长廊下正含笑看着自己的丈夫，嫣然一笑。

颜氏也顺着卢氏的目光看了过来，也是淡淡一笑，不过与卢氏的坦然欢喜不同，她的笑容，更多是对丈夫的尊敬。

阳光从扶疏的枝叶间漏了下来，卢氏一边哄着怀里的富格，一边低下头来笑着对颜氏说了几句什么，颜氏便点点头，两旁的侍女连忙搀扶着她起身，一行人缓缓进屋去了。

太阳没多会儿就下山了，夜晚时分，廊下都挂起了灯笼，昏黄的光芒照亮了长廊。

纳兰容若正往回走，却见之前下午卢氏与颜氏乘凉的院子里，一个婀娜娉婷的身影正一会儿往东一会儿往西。

黑暗中，几点星星一样的萤光正缓缓地飞舞着。

纳兰容若好奇地过去一看，却见是还有些孩子气的妻子卢氏，挽起那绣有鱼子花纹的衣袖，手中持着一柄团扇，笑嘻嘻地在院子里扑着流萤。

见丈夫过来，卢氏才停了下来，拭了拭额上的香汗，面对丈夫的疑问，笑着回道："想捉几只放在布袋里，给富格玩儿。"

树丛中栖息的蝴蝶被吓到了，扑腾着飞出几只，在黑夜里闪了几下，就又缓缓地停在了树木、草丛中。

有一只蝴蝶大概是慌不择路，一下子扑到纳兰容若的手中。

卢氏见了，顿时"哎呀"一声，用纤手捂住了嘴，甚是惊讶，夫妻俩相顾"噗嗤"笑出来。

纳兰容若看着眼前香汗淋漓的妻子，突然想起唐代诗人杜牧的《秋夕》诗来。

眼前的画面，可不就是轻罗小扇扑流萤？

幸福是什么呢？幸福就是这眼前的点点滴滴，慢慢会聚起来，然后在记忆里慢慢发酵，最终深深地铭刻在了心底，在多年后回想起来，依旧会忍不住为之微笑。

只是，到那个时候，幸福已经成了回忆。

烟暖雨初收，落尽繁花小院幽。摘得一双红豆子，低头，说着分携泪暗流。

人去似春休，卮酒曾将酹石尤。别自有人桃叶渡，扁舟，一种烟波各自愁。（《南乡子》）

纳兰容若十九岁的时候，错失了人生第一次殿试的机会。

他为此写下一首七律《幸举礼闱以病未与廷试》：

晓榻茶烟揽鬓丝，万春园里误春期。

谁知江上题名日，虚拟兰成射策时。

紫陌无游非隔面，玉阶有梦镇愁眉。

漳滨强对新红杏，一夜东风感旧知。

诗中既有对好友能够金榜题名的高兴与祝福，也有对自己错失殿试机会的惋惜与枉然。

如今三年已经过去，在这三年中，他不但娶妻生子，更组织编撰了《通志堂集》与《渌水亭杂识》，而且更多的时候，他在授课老师徐乾学的精心指导下，准备再一次殿试。

这一年，是康熙十五年。

其实纳兰容若在这一年中还有个小小的插曲。

头年皇子保成被立为太子，于是为了避皇太子名字中那个"成"字讳，纳兰便把自己的名字从"成德"改成了"性德"，这也就是我们最耳熟能详的名字的由来。到了第二年，皇太子保成改名叫胤礽，纳兰也就不用再继续避讳，又重新用回了自己原来的名字"纳兰成德"。

康熙十五年的殿试，纳兰容若果然考中了二甲第七名进士。

一般说来，在殿试金榜题名之后，皇帝都会给这些十年寒窗苦读终于鱼跃龙门的学子们分派官职，进行委任。不过纳兰容若在考中进士之后，却并没有马上获得委任，只是据传将参与馆选，可这个消息并非很确切。

纳兰容若倒也不怎么在乎。

其实，如果说第一次的殿试因为造化弄人，让他不得不错失的话，那这第二次的殿试对纳兰容若来说，更多的，大概就是抱着一种弥补以前遗憾的心态。

如今考上了，金榜题名了，当年的憋闷就随之烟消云散，所以，派不派官职，又有什么区别呢？

他本来就不是那要以科举来改变自己命运、削尖脑子也要往官场里钻的人。

对纳兰容若来说，所谓的官职大概还比不上卢氏重要，比不上颜氏，也比不过刚出生没多久的儿子富格。

所以这个时候的纳兰容若，还是那么自由自在，无比幸福。

世人都是不同的，有些人喜好热闹，有些人喜好安静。

从纳兰容若的诗词与生平中我们可以看出，在他的性格之中，更多的，是一种词人所特有的清冷与忧郁，也可以说是所谓的艺术家特有的气质，那是种从骨子里透出来的忧愁。

别人见到红豆，想起来的，是"红豆生南国，春来发几枝"，而在纳兰容若的眼中，这一双红豆子，若是有一天两两分开，又该是怎样的寂寞？

据说幸福的人见不得凄冷分离的孤独画面，那是因为会让他们不由自主地想起，眼前的幸福终究抵不过时间的流逝，总有一天会分手，最终忍不住伤心。

一日，纳兰容若看着雨后湖心中那一只飘摇着的小舟，孤孤单单，在雨丝中飘飘忽忽，不知要驶往哪里去。

手心里，是刚刚摘下的一双红豆子。

那是之前卢氏放到他手中的。

两颗小小的红豆，晶莹红润，好像两颗小小的红宝石一般，在自己的掌心之中静静地躺着，像是在述说着卢氏说不出口的感情。

只是，如今眼前这两颗红豆还能紧紧地依偎在一起，但是一年之后呢？两年之后呢？十年之后呢？

就像他与卢氏，是不是真的就能像成亲之时说的那样，与子偕老共白头呢？

是不是真的能够一直相互陪伴着，走到人生的最后？

那时候，纳兰容若并没有想到，自己这番突如其来的念头，竟成了往后岁月的预言。

只是他当时并不知道而已。

第三节　心有灵犀的红颜知己

在纳兰容若短暂的三十一年岁月中，他的感情向来是被人们所津津乐道的，除了那位扑朔迷离的表妹，另外几位，都是有证可考的，原配卢氏，续弦官氏，还有妾室颜氏。

但是在纳兰容若生命的最后一年中，还出现了一位女人，那便是江南才女沈宛。

清代谢章铤的《赌棋山庄词话》中说：

容若妇沈宛，字御蝉，浙江乌程人，著有《选梦词》。述庵词综不及选。菩萨蛮云："雁书蝶梦皆成杳。月户云窗人悄悄。记得画楼东。归骢系月中。醒来灯未灭。心事和谁说。只有旧罗裳。偷沾泪两行。"丰神不减夫婿，奉倩神伤，亦固其所。

此评价颇高，对沈宛的才学，更是赞扬不已。

据说沈宛十八岁便有《选梦词》展现于世，纳兰容若见到了《选梦词》，引为知己。后来在顾贞观等朋友的介绍下见了面，相互属意，沈宛便从此跟了纳兰容若。只是一年后纳兰容若病故，她伤心之际，黯然回到江南，孑然一身。

如果说纳兰容若因为看到了沈宛十八岁的词集《选梦词》而倾心的话，让人觉得有些不可能，那时候纳兰容若年已而立，不再是懵懵懂懂的少年儿郎，又经历了爱妻卢氏的亡故等打击，若这么快便移情别恋，有些不太像他的性格。

不过在沈宛的词中有一句"雁书蝶梦皆成杳"，倒是透露出些许的真相。

他们相见之前，应该也是和现在的笔友一样，鸿雁来去，书信交往，相互间慢慢倾心，最终水到渠成。

只是沈宛一直没有成为纳兰容若的正式妻子，她只是个情人。

沈宛与卢氏、官氏、颜氏不同，她是个名副其实的汉人，当时满汉不通婚，这就让她无法踏进明珠府。再加上并非良家出身，或者说，是类似柳如是、董小宛的身份，也让她只能和纳兰容若保持着一种没有名分的关系。

纳兰容若把她安置在德胜门的外宅之内，两人才学相近，情人间的生活倒也旖旎风流。而从沈宛与纳兰容若的词中也看得出来，两人是当真互相当对方是知己，相知相惜的。只是造化弄人，半年后，纳兰容若突然病故，沈宛伤心欲绝，孤独无靠，只好含泪返回江南，留下一段让人扼腕叹息的遗憾。

黄昏又听城头角，病起心情恶。药炉初沸短檠青，无那残香半缕恼多情。

多情自古原多病，清镜怜清影。一声弹指泪如丝，央及东风休遣玉人知。（《虞美人》）

康熙二十三年，纳兰容若三十岁。

从康熙十六年开始到如今，纳兰容若已经当了整整七年的御前侍卫。

在这段时间内，他从三等御前侍卫升为一等，深得康熙皇帝的信任，正是前途似锦的时候。

可是，对纳兰容若来说，这样小心翼翼的侍卫生活，是他所希望所追求的吗？

答案是很明显的，所以，他觉得有些厌倦了。

这个囚禁着他一颗词人之心的囚笼，要什么时候才肯打开笼门，放他离开呢？

这个时期纳兰容若所写的词，明显地带有一种"无聊"的意味，无论是在给卢氏的悼亡词中，还是在其他题材的词中，这种冷清的感觉贯穿始终。

他已经做了整整七年的侍卫，卢氏，也离开他整整七年了。

纳兰容若后来续弦官氏，但他的爱情早已随着卢氏的身故而逝去，哪里还能再爱上别的女人？

就在这一年的九月，金秋之时，顾贞观从江南再度回到了京城。

与他同行的，还有纳兰容若早已闻名却从未见过的江南才女——沈宛。

在这次沈宛上京之前，纳兰容若就已从好友们的描述中知道了这位女子的名字。

沈宛，字御蝉，江南乌程人。

古人说，"英雄每多屠狗辈，自古侠女出风尘"。江南秦淮，明末清初，确实出了不少有名的风尘女子，才艺双绝，貌美如花。

其中最有名的，应该是如今我们耳熟能详的"秦淮八艳"了。

她们是吴梅村笔下"恸哭六军俱缟素，冲冠一怒为红颜"的陈圆圆，被后人穿凿附会为董鄂妃的董小宛，还有那风骨铮铮的柳如是,侠肝义胆的李香君,礼贤爱士、侠内峻嶒的顾横波,长斋绣佛的卞玉京,擅长书画的马湘兰,以及颇有侠气的寇白门。

对纳兰容若来说,他此时需要的,不是寇白门之类的风尘侠女,而是沈宛这样善解人意,叫人见之愉快的女子。

沈宛,刚好适合。

所以就在这一年的年底,纳兰容若纳了沈宛为妾。

其实纳兰容若究竟有没有和沈宛举行过婚礼,也是个颇多争议的问题。

在当时,满汉不通婚,沈宛的汉族身份注定了她无法进入明珠宅邸,只能住在外面的别墅内。

纳兰容若把沈宛安置在北京西郊德胜门的宅子内,他尽力地给予沈宛一切,却唯独不能给她一个家。

而这,却正是沈宛所要的。

半年后,沈宛离开了京城,她并不知道,这一去,便是永别。

"予生未三十,忧愁居其半。心事如落花,春风吹已散。"

这是纳兰容若的诗句,像是为自己写下了短暂一生的总结,如此忧伤,如此寂寞。

欲问江梅瘦几分,只看愁损翠罗裙。麝篝衾冷惜余熏。

可耐暮寒长倚竹,便教春好不开门。枇杷花底校书人。(《浣溪沙》)

在后人的记载或者传记中,沈宛都是作为纳兰容若情人的身份出现的,渐渐地,连她的存在都成为了一桩迷案。

沈宛是不是真实存在？

沈宛的真实身份究竟是什么？

所谓"一千个观众就有一千个哈姆雷特"，这里也一样，众说纷纭。不过，我想沈宛的身份虽然成谜，但是这个人是肯定存在的。

当时陈见龙曾经填了一首词，赠予纳兰容若，题目便是"贺成容若纳妾"。

成容若便是纳兰，他字容若，以自己名字"纳兰成德"中的"成"字为姓，给朋友们的信笺中都是署名"成容若"，朋友自然也以这个名字来称呼他。

陈见龙正是为祝贺纳兰容若与沈宛的结合，写了这首《风入松》：

佳人南国翠蛾眉。桃叶渡江迟，画船双桨逢迎便，细微见高阁帘垂。应是洛川瑶璧，移来海上琼枝。

何人解唱比红儿，错落碎珠玑。宝钗玉臂樗蒲戏，黄金钏，幺凤齐飞。潋滟横波转处，迷离好梦醒时。

这首词上半阕写婚嫁迎娶，下半阕写新婚宴尔，词句华丽，情真意切。

对于好友的祝福，纳兰容若坦然地接受了。

沈宛与卢氏不同。

相较于卢氏温婉宽厚，沈宛知书达理，才学不输纳兰容若，也因此，两人在文学上颇多共同语言。

这个时候的纳兰容若，已经有了官职在身。他是康熙皇帝跟前的大内侍卫，负责保护皇帝的工作，公务十分繁忙，再加上本来就是有家室的人，所以与沈宛在一起的时间，自然不会很多。

好在沈宛是明白纳兰容若之人，否则也不会在鸿雁传书之间互通心意，最后两两倾心。

她知道丈夫繁忙，所以自己总是乖巧地待在德胜门的宅子里，寂寞而又带着期盼地等着，等着纳兰容若的每一次到来。

精通诗词之人似乎都有个比较相似的毛病，那就是容易多愁善感，悲春伤秋。而沈宛既然是以诗词闻名，自然也不可避免地有着一颗敏感的心。

虽然对纳兰容若的公务繁忙，她并没什么怨言，但日子一长，未免就开始多愁善感起来。

黄昏后，打窗风雨停还骤。不寐乃眠久。渐渐寒侵锦被，细细香销金兽。添段新愁和感旧，拚却红颜首。

这首《长命女》大概是沈宛这段时期所作，流露出一股哀婉之情。

某一天的黄昏后，雨倒是停了，可屋檐边缘，那雨珠儿却还在滴滴答答地落着，滴在房下的台阶上。雨后的寒意渐渐侵了进来，本来温暖的棉被也有些润润的感觉，触手摸去，有些凉凉的了。下一句"细细香销金兽"，大概是化自李清照的《醉花阴》中"瑞脑销金兽"一句，只是，在李清照笔下，那室内香炉里轻烟缭绕飘散，欢愉嫌日短，苦愁怨更长，此情此景下，心中所念的，都是远在千里之外的丈夫，也难怪会"莫道不消魂，帘卷西风，人比黄花瘦"了。

也许在女词人的心里，对愁绪，对思念之情，所见所想所感都是一样的吧？所以当沈宛孤独地看着屋内香炉内那缭绕的轻烟在空气里慢慢飘散的时候，想到的，是"添段新愁和感旧"，在日复一日的等待中，红颜也寂寞。

不过，在这样寂寞的冷冷清清的日子里，也是有着暖色的。

想必是梅花开了，所以这天，纳兰容若对沈宛戏谑地说道："欲问江梅瘦几分，只看愁损翠罗裙。"言下之意是把沈宛比喻成梅花，见到沈宛眉间那一缕淡淡的愁思，所以才半是开玩笑半是认真地笑道，若要看梅树瘦了几分，只要看眼前人的腰肢消瘦了几分便知道的。

虽是戏谑之语，言下之意却是在说，自己清楚沈宛内心的愁苦。

沈宛又何尝不知？

只是知道归知道，有些话，她始终说不出口。

正如纳兰容若，也有着不能言说的苦衷。

这首词的最后三个字"校书人"，典故用得有点生僻。

在唐代诗人王建的《寄蜀中薛涛校书》一诗中，有这样两句："万里桥边女校书，枇杷花下闭门居。"

薛涛是古代名伎，也是颇有名气的女诗人，她所制的"薛涛笺"更是大名鼎鼎，乃是文雅风流的象征，而因为王建的这首诗，后世人便把能诗文的风尘女子称为"女校书"。

在这首《浣溪沙》里面，纳兰容若用了"校书人"的典故，倒并不是专门为了指出沈宛出自风尘的尴尬身份，不过是见沈宛在花下看书，那画面颇为美妙，才有感而发，借指花下读书人而已。

  脂粉塘空遍绿苔，掠泥营垒燕相催。妒他飞去却飞回。
  一骑近从梅里过，片帆遥自藕溪来。博山香烬未全灰。（《浣溪沙》）

  纳兰容若与沈宛在一起短短的大半年时光中，还是十分美满的。

  倒不是说他与官氏与颜氏的感情不好，而是在思想上，在卢氏之后，纳兰容若也许是再次找到了与自己心意相通的人。

  不论沈宛的出身如何，至少在诗词的意识形态层面上，她和纳兰容若是平等的，或者说，一位文艺男青年，一位文艺女青年，金风玉露一相逢，自然是越聊越投机，最后结局理所当然是"便胜却人间无数"。

  于是我们倒回去说一说沈宛与纳兰容若的初见吧。

  那是康熙二十三年，甲子。

  九月的一天，暑气还未完全散去，空气里还有些闷热，即使穿着薄薄的夏衫，汗水还是从身上每一处肌肤沁出来，黏黏的。

  马车在一处看似寻常的宅院门前停下来，里面有人下了车，被门口的下人恭恭敬敬地接进屋内，此人正是纳兰容若。

  这处宅院乃是顾贞观在京城的宅子。当然，论豪华，比不上当时已经贵为太子太傅的明珠宅邸那么金碧辉煌，只是普普通通的院子，但里面布置得颇为雅致，一看便知主人花费了不少心血，小桥流水，绿草茵茵，有着江南水乡的雅致与秀气。

大概，是因为宅院主人本来就出身江南的关系吧？

每次纳兰容若来到这儿的时候，都会忍不住这样赞叹。

顾贞观早已等待在廊下，见自己的学生兼忘年之交按时到达，笑着迎上去。

纳兰容若的脸上又何尝不是带着笑容。

顾贞观不愧是纳兰容若多年的好友，只有他，从这位年轻自己很多岁的好朋友眼中，看到的不是欢愉，而是忧愁；看到的，是他挣不脱樊笼的苦恼与闷闷不乐。

好在这一次，顾贞观从江南回到京城的时候，还另外带来一个人，纳兰容若的信中所言的"天海风涛之人"。

"天海风涛"一语出自李商隐的《柳枝五首》序：

柳枝，洛中里娘也……生十七年，涂妆绾髻，未尝竟，以复起去。吹叶嚼蕊，调丝擫管，作天海风涛之曲，幽忆怨断之音……

李商隐诗中的"天海风涛"，写的正是李商隐的红颜知己柳枝。柳枝的身份乃是歌伎，而纳兰容若所言的天海风涛，指的，自然是沈宛了。

于是纳兰容若与沈宛，得以相见。

那时候的纳兰容若，大概并未有纳沈宛为妾的念头。他对这名聪慧的江南女子，更多的是惜才，基于一种"同是天涯沦落人"的惺惺相惜。

沈宛不幸沦落的，是她的身，在风尘中打滚，只是这样的女子，依旧能在那么复杂的环境中保留着一份纯真，在她的诗词中，毫无遮掩地表达了出来。

而纳兰容若的"天涯沦落",自然不是说他出身风尘,他的所谓"沦落",其实指的是自己无心官场与权势。

所以,在沈宛随着顾贞观来到京城之后,纳兰容若也来到了这座宅子。

他终究是好奇,好奇这位与自己"同为天涯沦落人"的才女。

与其他女子不同,沈宛是素雅的、淡静的。

她穿着一身颜色淡雅的绿色衣裙,面容秀美,并未和其他歌女一样化浓艳的妆,只是淡扫蛾眉,略施粉黛,乌黑的发髻上插着一支银白色的簪子,简简单单的凤尾样式,怀抱琵琶,安静地坐在那儿,轻声弹唱。

她与其他人是那样不同,气质沉静,带着一种出淤泥而不染的干净气息,直到顾贞观引着她走到纳兰容若的面前,微笑着介绍说,这位便是明珠府的纳兰公子,名成德,字容若。

她笑了,他也笑了。

有时候,钟情,也许只是一瞬间的事。

沈宛终于见到了自己倾心已久的纳兰容若,一如她无数个夜里,看着对方的信笺所暗自想象的那样,脑海里的影像与眼前的人影逐渐重合起来,最终成为现实。

沈宛双颊上飘起两朵红云,然后朝纳兰容若轻笑一下。

看着眼前的女子,纳兰容若脑中却突然浮现出另外一位女子的音容笑貌来。

那天,卢氏也是这样对着自己嫣然一笑,仿佛三月的桃花般,连周围的景色都为之绚烂起来。

这年年底，纳兰容若便正式纳了沈宛为妾。

这场婚礼并不是很隆重，纳兰容若的好友们还是纷纷送来了祝福，祝福这一对璧人的结合。

在其他人的眼中，纳兰容若还那么年轻，也早就该从卢氏亡故的悲伤中走出来，去寻找属于他的幸福。而沈宛才貌双全，又和纳兰容若有那么多的共同语言，难道不是一个最好的选择吗？

对纳兰容若来说，个中的滋味儿，也只有自己才知道。

我倒是觉得，纳兰容若与沈宛之间，其实更像是朋友。

他们在诗词上有着共同语言，如果沈宛如顾贞观等人一样是男性，那么，纳兰性德便是又多了一位知音好友。但沈宛偏偏是女子，而且还是江南小有名气的歌伎才女，所以，如果说纳兰容若与沈宛之间只是纯洁的友情与惺惺相惜的话，那似乎很难让人相信。

纳兰容若与沈宛，两人之间是友情也好，爱情也罢，总之，无论如何，沈宛若与纳兰容若交往，确实也只有成为对方姬妾一途，因为她的身份地位，又是汉人，纳兰容若也不敢冒天下之大不韪，将沈宛接进明珠府，所以，他才在西郊德胜门为沈宛置了一处幽静的宅子。

两人相处的日子，是愉快而且充满诗情画意的。

也许是某一天的午后，纳兰容若与沈宛正在说话，不知何时变成了沈宛在说着江南的那些名胜古迹，还有流传于民间的传说。

据说在昔日吴宫之处，有香水溪，是当年西施沐浴的地方，所以又名叫脂粉塘，只是，如今西施早已不见踪影。而奢华的吴王皇宫也早已不复当年的巍峨与华丽，往日种种，已随着时光的流逝变成了历史里的一缕烟尘，只有燕子依旧每年飞来飞去，衔泥做窝，年复一年。突然，马蹄声传来，路上一骑飞驰而过，一叶小船缓缓地从藕溪上划过，船上的人，是要往哪里去呢？

在沈宛娓娓的描述中，纳兰容若觉得眼前仿佛出现了这样的一幕画面，带着江南水乡氤氲的雾气，淡淡的，悠然的，如同倪瓒笔下的一幅山水画。

相比于京城的繁华，或许这样的悠然，才是纳兰容若内心真正想要的。

沈宛在描述这些的时候并不知道，在看到纳兰容若因为这番描述而写出来的这首《浣溪沙》的时候，也并不知道。

她只知道，纳兰容若在欢笑之余，不知为何，有时会突然陷入沉思，怔怔地发呆，那是一种自己从未见过的，寂寥的神情。

谢家庭院残更立，燕宿雕梁。月度银墙，不辨花丛那辨香。

此情已自成追忆，零落鸳鸯。雨歇微凉，十一年前梦一场。（《采桑子》）

在德胜门别墅居住的日子，沈宛逐渐发现，身旁的男人，不知什么时候，总是面露愁容，神情寂寥，尤其当他一人独处的时候，那孤零零的身影，像是写满了"寂寞"两个字。

沈宛有时候忍不住，很想去问一问纳兰容若，你是在为谁叹息，但总是问不出口。

午夜梦回的时候，她偶尔会从身边男人呢喃的梦话里，依稀听见另外一个女人的名字,还有"三年"的字句。

沈宛知道,纳兰容若心中念念不忘的,正是因为难产而身故的妻子卢氏。

那早逝女子的身影,原来已经在他的心里刻骨铭心。

于是纳兰容若无意中的叹息,传进沈宛的耳中,她也渐渐带上了忧伤而寂寞的色彩。

他终究还是寂寞的呀!

也许,沈宛也想过要怎样才能抚平纳兰容若的忧伤,去安慰他内心深处的寂寞。但是对纳兰容若来说,曾经的激情,已经消散无形,那曾经刻骨铭心的爱情,如今却变成了一道沉重的枷锁,不光是牢牢地锁住了他,也锁住了沈宛。

沈宛虽然从不说,但她心里真正想要的,恰恰是纳兰容若所无法再给予的。

纳兰容若也知道,自己对沈宛,实在是已经给予不了太多了。

沈宛要的,他偏偏给不起。

此情可待成追忆,只是当时已惘然。

半夜三更的时候,纳兰容若常常会独自站在院子里。

四周,花丛里淡淡的花香在夜色里缓缓地飘散着,若有若无。银白色的月光如水般洒在院墙上、地面上,仿佛笼了一层薄薄的银纱。

此情此景,在纳兰容若的眼中,却与记忆缓缓地重合了。

多年前,是谁,也曾和自己一起这样站立在月下的庭院中,看着天边的弯月,如今,那陪自己赏月之人,却是去了哪里?

此情可待成追忆啊，蓦然回首，当年的记忆，仿佛是做了一场梦一般。

身后传来轻轻的脚步声，纳兰容若惊喜地回头，在见到来人的一刹那，脸上的喜色旋即变成了失望的神情，动作是那么快，快得来不及掩饰内心的一点一滴，在那一瞬间都毫无保留地表露在沈宛的面前。

沈宛还是一如既往温婉地微笑，秀美的面孔上并未流露出其他神情，只是关心地替他披上外袍，但眼中，一抹无奈的神色却是清清楚楚地落进纳兰容若的眼中。

纳兰容若对沈宛是喜爱的。

但是，喜爱不是爱情，所以，半年之后，沈宛还是走了，回到了江南。

两人分别的时候，平平淡淡未有任何的波澜。

她离开，他去送行，临别之际，纵然有千言万语，最终也不过是变成轻轻的一句"一路顺风"。

不是不想挽留，而是纳兰容若觉得，他给不起沈宛想要的爱情，既然如此，与其在未来的岁月中让沈宛越来越落寞寡欢，还不如让她去继续寻找自己的幸福，去寻找能给予她爱情的人。

沈宛离开的时候，只说了这么一句话——

"枝分连理绝姻缘。"

这是沈宛《选梦词》中的一句，当时写下这首《朝玉阶》的沈宛怎么也没想到，那时无心的一句话，如今却已成真。

孔雀东南飞，本以为看的是别人的故事，哪知到了最后，竟应在了自己身上。

离开的沈宛完全没有预料到,她这一走,便是永别。

从此阴阳两隔。

而今才道当时错,心绪凄迷。红泪偷垂,满眼春风百事非。

情知此后来无计,强说欢期。一别如斯,落尽梨花月又西。
(《采桑子》)

对沈宛,纳兰容若心中是隐隐有着愧疚的吧?

"而今才道当时错",如今回想起来,才说当初做错了,还来得及吗?

这句其实出自宋代晏几道的《醉落魄》词,"心心口口长恨昨,分飞容易当日错"。

说起晏几道,其实此人与纳兰容若也有几分相似。同样是天才的词人,同样才华出众,同样不愿被世俗约束,同样出身高门却不慕权势。

纳兰容若是颇推崇晏几道的,在他给梁佩兰的《与梁药亭书》中,这样写道:

仆意欲有选如北宋之周清真、苏子瞻、晏叔原、张子野、柳耆卿、秦少游、贺方回,南宋之姜尧章、辛幼安、史邦卿、高宾王、程钜夫、陆务观、吴君持、王圣与、张叔夏诸人多取其词,汇为一集,余则取其词之至妙者附之,不必人人有见也。

其中提到的"晏叔原",便是晏几道。

他出身高门,乃是晏殊的第七子,黄庭坚称赞他是"人杰",

也说他痴亦绝人："仕官连蹇而不能一傍贵人之门，是一痴也。论文自有体，不肯作一新进士语，此又一痴也。费资千百万，家人寒饥，此又一痴也。人百负之而不恨，己信人，终不疑其欺己，此又一痴也。"由此可见，晏几道孤傲清高，不喜权贵。而且晏几道的词工于言情，十分有名，与父亲晏殊不分上下。不管是"落花人独立，微雨燕双飞"，还是"当时明月在，曾照彩云归"，"从别后，忆相逢，几回魂梦与君同"，在词风上与李煜颇为接近，情真意切，工丽秀气。

而纳兰容若会比较推崇晏几道的词作，也在情理之中了。

"而今才道当时错"，当时分开，如今回想起来，竟是如此地后悔，觉得自己是不是做错了什么。但是为时已晚，"心绪凄迷。红泪偷垂"，窗外，春风依旧，却早已物是人非。

"满眼春风，不觉黄梅细雨中。"早知道后来无法再相见，那么强颜欢笑着述说当初那些欢乐的日子，又有什么意义呢？

"一别如斯"，梨花在枝头上绽放过，如今再度落尽，春天已经过去了。但是，还会有相聚的日子吗？

在这首《采桑子》里面，一句"而今才道当时错"，写尽无奈，写尽世间的不完满。

第五章 仕途 不是人间富贵花

"非关癖爱轻模样,冷处偏佳。别有根芽,不是人间富贵花。"

康熙十六年的时候,纳兰容若终于踏入了官场,成为了乾清宫的一名御前侍卫。从此,他跟随在康熙的身边,北上南巡,足迹踏遍大江南北。

康熙十六年。

纳兰容若终于获得任命,从此步入了仕途。

只是与他想象的不同,或者说,和当时世人预料的完全不一样,任命给纳兰容若的官职,竟然是皇帝跟前的三等御前侍卫。

这可是武职。

纳兰容若的词名早已远扬,在京城引起了轰动,再加上他考中功名,进士及第,怎么着都该是文职才对,可谁也没想到,皇帝给他委派的官职,却是御前侍卫。

御前侍卫是清朝才有的,是天子的侍从,贴身跟班,待遇很高,地位也很尊贵,是专门为贵族子弟设立的特殊职位。因为经常跟着皇帝，升迁的途径也比其他职位要宽得多，也容易得多。在清朝，由侍卫出身而最后官至公卿将相的，不在少数，像纳兰容若的父亲明珠，就是从侍卫做起，最后成为武英殿大学士而权倾天下的，还有与他同朝的索额图等人亦如此。所以，皇帝让纳兰容若做自己的御前侍卫，也不无道理。

以纳兰容若的出身，还有文武双全，都是御前侍卫的最好人选，三等侍卫，相当于是正五品的官员地位，对二十来岁的年轻人来说，相当不错了。所以皇帝这样安排，看起来并没有什么不妥的地方。

不对的，仅仅是纳兰容若并不适合做官而已。

现实与理想的冲突、纠结，让他从此不再快乐。

不过，作为侍卫的纳兰容若，是相当称职的。

他在很小的时候就开始练习骑射，学习武艺，只是，后来他的词名远远盖过了武艺上的成就，给人以只会文不懂武的错觉。

康熙皇帝一生之中，曾经多次北上与南巡，身为御前侍卫的纳兰容若，自然跟着皇帝，一路随行。

八旗子弟出身的纳兰容若，骨子里，还是继承了先辈们马上打江山的豪迈。在这段跟着康熙皇帝东奔西走的日子里，他见了塞北风光，他的词中因而多了不少描写塞外荒寒之地的作品。

王国维甚至在《人间词话》中这样赞道：

"明月照积雪""大河流日夜""中天悬明月""黄河落日圆"，此种境界，可谓千古壮观。求之于词，惟纳兰容若塞上之作，如《长相思》之"夜深千帐灯"、《如梦令》之"万帐穹庐人醉，星影摇摇欲坠",差近之。

如此评价,当足矣。

第一节　随驾北巡

山一程,水一程,身向榆关那畔行,夜深千帐灯。

风一更,雪一更,聒碎乡心梦不成,故园无此声。(《长相思》)

这一年,作为康熙皇帝御前侍卫的纳兰容若,扈从皇帝北上,一路走永陵、福陵、昭陵,最后出了山海关。

这对一直居住在京城里、很少涉足他处的纳兰容若来说,是一次难得的体验。

他第一次见到了塞外呼啸的寒风,鹅毛般的大雪。这雄浑的北国风光,给了他从未有过的触动,素来清丽哀婉的词风,也随之一变。

纳兰词中偶有雄浑之作,大多数,就是出自这个时期。

最有名的,当属这首《长相思》了。

词牌很旖旎,长相思,相思长,可内容却一点也没有儿女情长,反倒是一派豪迈磊落。

其实根据词风的不同,我们总是习惯单纯地把词分作"婉约词""豪迈词",但是,很多词人并非是只能写其中的一类,往往两样都十分精通的,就像"醉里挑灯看剑"的辛弃疾,也有"蓦然回首,那人却在,灯火阑珊处"之句;苏东坡在写出"大江东去,浪淘尽,千古风流人物"的句子之外,也能写出"但愿人长久,千里共婵娟";李清照在"莫道不销魂,帘卷西风,人比黄花瘦"之外,也有"生当做人杰,死亦为鬼雄"的豪迈之句一样,纳兰容若这段时间所写之词,不复《侧帽集》的风流婉转,也不复《饮水词》的凄凉哀婉,而是想要把他骨子里的那种属于年轻人的、从父辈们那儿继承下来的热血与豪迈完全发泄出来一样,塞上词,因此成了他作品中一抹异样的光彩!

这首《长相思》,算是纳兰容若这类词中的代表作了。

简单直白,却生动地描绘出行军途中在荒原之上宿营的雄壮画面。

它是如此有名,以至于出现在小学语文课本中,是如今孩子们必学的诗词之一。

纳兰容若作为康熙皇帝的扈从出了关,眼中所见,不再是京城的软红千丈,不再是熙熙攘攘的人潮往来,远远看去,只有一望无际的荒漠,寒风呼啸而来,带着刺骨的寒意。

传令的声音远远地传来:"皇上有旨,就地扎营。"

浩浩荡荡的大队人马,就随着这一道命令,在原地扎营。

营帐连绵,在荒野之中蜿蜒,一眼望不到头。夜色缓缓降临,呼啸的寒风里也慢慢地夹上了鹅毛般的雪。

今晚轮到纳兰容若值班,用过晚饭,见时辰差不多了,纳兰容若便穿上盔甲,拿起兵器,起身出了营帐。

帐外,风雪越来越大,寒风刺骨。

纳兰容若并没有畏惧,他还有工作要完成。

如今已经不是在自己的家里了,他要去换下当值的同僚,让他们回到温暖的营帐内休息。

一片漆黑的夜空之下,连绵不绝的帐篷内,昏黄色的灯光错落地透了出来,仿佛天上的星星,在风雪的肆掠下落到了地面上,夜深千帐灯。

看着眼前无数点昏黄的灯光,纳兰容若突然想起,自己这一路上经过的地方,何尝不是一程山一程水?如今出了山海关,却山水不见,唯有一望无际的荒漠,还有眼前连绵不绝的营帐灯火。

望着眼前的这一幕,纳兰容若的心里是有些激动的,脑子里突然浮现出来的词句,也与自己往日的词风截然不同,带着一些豪迈的味道。

千里行程,万种所见,尽数化为"山""水"二字,以小见大,满腹乡思,一腔愁绪。

而这无数的帐灯之下,又有多少人与自己一样睡不着呢?又有多少人与自己一样,在思念着家乡的亲人呢?

风雪越来越大,纳兰容若听着帐外的风声与落雪的声音,数着远远传来的打更的声音。

一更过去,二更过去……

但是这风雪却丝毫没有停止下来的意思,风声呼啸,卷着遥远的打更的声音,夜,突然变得更加漫长。

漫长得似乎永远也到不了尽头。

漫长得似乎永远也不会再见到天亮。

漫长得把一颗颗思乡的心,都搅碎了。

风雪声声,尽入内心深处。

于是他不由得回想起还在京城时候的日子,虽然也曾起过大风,虽然也曾下过大雪,但何曾有过这样凄凉呼啸的风雪之声?

自己本该是在京城里,与顾贞观、朱彝尊等好友们在一起,编撰着词论,编撰着词集,而不是在这关外的荒野之中,听着帐外呼啸的风雪声,思念着家乡的亲人。

自己为何会在此呢?

纳兰容若不禁这样问自己。

他一向是厌恶官场中的生活的。

但是,肩上的责任却让他不得不在这山海关外,看着夜深千帐灯。

灯下,是一颗颗思乡的心,更是一颗颗报效国家的男儿心。

如果不是如此,我们为什么要出现在这里?

难能可贵的是,虽然这首《长相思》中浓浓地满是思乡之情,却一改纳兰容若以前缠绵悱恻的哀婉风格,而在忧郁中散发出一股豪迈的、欲报效国家的慷慨之气。

也许是二十多年的人生岁月,在此刻终于得到了沉淀、得到了升华。

"夜深千帐灯",不愧"千古壮观"。

万帐穹庐人醉,星影摇摇欲坠。归梦隔狼河,又被河声搅碎。还睡,还睡,解道醒来无味。(《如梦令》)

说起《如梦令》,很多人第一个想到的八成就是李清照的《如梦令》。

纳兰容若似乎比较偏好《浣溪沙》《采桑子》等词牌,《如梦令》则只有那么几首。

但就是这一首,后来与《长相思》一起,被王国维赞为"千古壮观"。

在山海关待了几天,康熙皇帝继续北上,纳兰容若也跟着一起,这一日来到了白狼河,也就是今天的大凌河。

已经到了现在的辽宁省,关外塞上,一切的景色与京城如此不同。

这是纳兰容若第一次远离京城,到达如此遥远的地方。

辽阔的大草原上,北巡行营的围帐耸立着,如同在山海关时候那样,连绵不绝,一望无涯。

如此的大军,却是鸦雀无声,听不见喧哗,只有夜风呼啸而过的声音。

在这样安静的时候,纳兰容若也是昏昏欲睡。

眼前有点昏花,看出去,连天上的星星也像是要掉下来一般,摇摇欲坠。

那就不妨沉沉睡去吧!

在香甜的睡梦之中,说不定还能梦到自己的家乡,梦到家中的亲人。

但是,正当想要在梦里回到家乡的时候,河水的浪涛声传来,顿时搅了好梦。

如今还能怎么办呢?

人远在千里之外,连梦回家乡都不成,在这漆黑安静的夜空下，自己又能做什么？罢了罢了，还是睡去吧，即使已经梦不到家乡与亲人，但也总好过醒来时的寂寞与无奈。

如此也好。

如此甚好。

这首《如梦令》，写景写情，豪迈之中却还是有着惆怅与无奈的味道。

康熙北巡，他想到的，是自己的帝王业，是自己的江山社稷，大好河山。

而作为扈从的纳兰容若，想到的，却是随行将士们的思乡之情。

"可怜河边无定骨，犹是春闺梦里人"，古往今来，将士们成就的不过是一将功成万骨枯。

好在这一次只是北巡，而不是战争。

所以，将士们不用担心埋骨他乡，不用担心再也见不到家中的妻儿老小。

即使如此，思乡之情，却是连皇帝的圣旨都无法阻止的。

有人说，纳兰容若的这首《如梦令》，表面写景，其实写情，是作者在叹息人生际遇的多舛，与仕途不顺的惆怅，写出了词人在北巡时候的清冷心境。

后半句，我还算赞成，对前半句，却有些不赞同。

纳兰容若生性不喜官场，不喜俗务，却偏偏为此所困，心境清冷，尤其是在北巡之后，见识了雄浑的北国风光，见过了荒原之上一望无际的大军行营，风物的不同，让他的词境也有了不同，更加的宏大，不变的，依旧是字里行间的沉郁，说他此刻心境清冷，倒也不为过。

但是，若要说纳兰容若仕途不顺，人生不顺，那从古到今，从李白、杜甫到同时代的顾贞观、朱彝尊，可能就要提出抗议了。

如果连纳兰容若都属于人生不顺的话，想不出还有谁，能够称得上"天之骄子"呢。

他本该是一直这么顺顺利利地走下去，走完应有的、充满鲜花与荣耀的一生。

在当时看起来，他也确实如此，沿着那条既定的、几乎没什么悬念的荣耀之道走着。

只不过，在纳兰容若的心中，他一直清楚地知道，如今眼前的一切，并非自己真正想要的，却又不得不这样走下去。

"三十而立"，他已经快要年满三十岁了，他已经有妻有子，有丈夫与父亲的责任。

现实不是童话。

我本人间惆怅客，知君何事泪纵横。

当年他写与朱彝尊的词句，此刻又突然浮现在脑中。

十年之后，纳兰容若突然再度懂得了朱彝尊。

非关癖爱轻模样，冷处偏佳。别有根芽，不是人间富贵花。

谢娘别后谁能惜，飘泊天涯。寒月悲笳，万里西风瀚海沙。

（《采桑子·塞上咏雪花》）

在纳兰容若跟随康熙皇帝北巡期间，他写了不少描写塞上风光的诗词，其中一首，便是这《采桑子·塞上咏雪花》。

边疆塞外，风雪大作，一年到头都看不见春天。

古时有岑参的"突如一夜春风来，千树万树梨花开"，写尽边关要塞苦寒之地大雪纷飞时候的情景。

雪花洁白，在空中轻盈地落下，在支楞的枝条上慢慢堆积起来，一片一片的雪白，竟像满树梨花盛开的情景。

在岑参的笔下，雪花就像那梨花一样，为这苦寒之地平添了几分姿色。

而雪花又非花，它自天上而来，哪里像人间俗世的富贵花需要用浓妆艳抹来装点自己，但是世人喜好的偏偏正是那富贵之花，趋之若鹜。

谁能来怜惜这"不是人间富贵花"的雪花？

昔日《世说新语·言语》中，曾经记载过这样的一件事。

谢安见雪因风而起，便问自己的子侄辈们何物可比？有回答"撒盐空中差可拟"等的，只有侄女谢道韫回答"未若柳絮因风起"，谢安拍手叫好。

在谢娘谢道韫之后，这仿若柳絮一样的雪花，还有谁来疼惜它呢？

没有了吧？如今，这天宫的使者也只能漂泊天涯，看着寒凉的月色，听着悲凉的胡笳，飘飘摇摇，万里西风瀚海沙。

在纳兰容若的心中，这"不是人间富贵花"的雪花，漫天飞舞着，是不是每一片，都被他看成了自己的化身呢？

一句"不是人间富贵花"，语带双关。

若要以"人间富贵花"来形容纳兰容若,大约没有人会反对。

可是,被人艳羡不已的纳兰容若,却这样说道:

"别有根芽,不是人间富贵花。"

他断然否认了自己在那些世俗人眼中的身份,他从未因为自己的出身自鸣得意,反倒是毅然写明了自己的心意:

不是人间富贵花。

纳兰容若有着一颗高傲的心。

他不仗势欺人,他不趋炎附势,但是,当现实与理想互相冲突时,妥协的,往往都是理想。

纳兰容若也不得不妥协。

来自俗世间的种种条条款款,仿佛铁箍一般紧紧箍住了纳兰容若,让他喘不过气来。

据说,纳兰容若担任侍卫以来"御殿则在帝左右,扈从则给事起居""吟咏参谋,多受恩宠",应付自如,"上有指挥,未尝不在侧",极受康熙信任。由于尽职称诣,他得到过康熙皇帝的许多赏赐,颇为让人羡慕。

由此可见,当官,纳兰容若未必不行。

他毕竟是出生在官宦世家。

他应该比任何人都懂,都清楚!

只不过他的心并不在此罢了。

他想要的,是以自己的才华,在文学上留下一笔,与自己的朋友们一起,用文字抒发胸臆,而不是用华丽的辞藻去歌功颂德。

但是对皇帝来说,他的出众才华,大概也就是在心血来潮的时候用来为自己歌功颂德。

历朝历代,不会拍马屁的人不一定升不了官,但擅长拍马屁的人,一定比不会拍的人升迁快!

纳兰容若并不想拍马屁,更不想做那些歌功颂德之事,但是,人在屋檐下,不得不低头,皇帝一声令下,他焉能不做?

他有着纯正的儒生灵魂,汉文化早已深入他的骨子里。

文人可以是皇帝的朋友,可以是皇帝的老师,但若是为奴,便是侮辱了文化的清高。

不愿为奴的清高与骨气,在现实的强压下,终究是无可调和,化为纳兰容若一句无奈却悲愤的"不是人间富贵花"。

朔风吹散三更雪,倩魂犹恋桃花月。梦好莫催醒,由他好处行。无端听画角,枕畔红冰薄。塞马一声嘶,残星拂大旗。(《菩萨蛮》)

《菩萨蛮》是纳兰容若北巡中又一首描写北国风光塞上景色的词。

乍见这首词,颇觉得有点像是在行军途中纳兰容若有感而发随性而吟的作品,没有"夜深千帐灯"的雄浑,也没有"不是人间富贵花"的悲凉,有的,是对眼前景色的赞叹。

塞外常年北风肆掠,如今也是一样。

昨晚下的那场大雪,堆积在荒原上、营帐顶上,白茫茫的一片,却被一阵又一阵的北风吹散了。

那被北风吹散的雪花,一片一片从空中缓缓飘散,仿佛漫天散落的梨花一般。

桃李芬芳,如果这雪花当真是梨花,莫非是倩女的灵魂所化,在留恋着昔日那些美好的时光?

如果是梦,那么就别去叫醒她吧。

号角的声音响了起来,已经是清晨时分了,被号角的声音给弄醒了,侧头一看,枕头旁边,半夜思乡而留下的眼泪早已结成了薄冰。

"枕畔红冰薄",这一句,出自五代王仁裕《开元天宝遗事》中的"红冰"记载:"杨贵妃初承恩召,与父母相别,泣涕登车。时天寒,泪结为红冰。"

这里纳兰容若用"红冰"的典故,当然并不是自比杨贵妃,否则那就搞笑了!他只是借用这个典故,来说明自己思念家乡、思念亲人的心情。

远远传来了战马嘶鸣的声音,渐渐地,本来寂静的行营也逐渐有了脚步声、喧哗声,人们起床了,准备拔营继续前进。

大军往前行进的时候,天色还未完全敞亮,天空中还隐隐挂着几颗星星,星光冷冷地洒在大旗之上,一片清冷之气。

清晨的空气清新中带着寒意,驱走了纳兰容若残存的几分睡意。

远远眺望着天空,纳兰容若突然回想起梦中熟悉的面容来。

在京城,妻子还在等待着他的归去吧?

想必她每天都亲自打扫干净了书房后,再焚上一炉香,就像他还在京城时那样,一切如故,只等待着书斋的主人回来。

如今想起来，每每"欲离魂"的人，其实不是别人，正是自己吧？

如果在梦中，就能再度见到自己心爱的亡妻了吧？

如果是离魂而去，就能再度与自己心爱的亡妻相会了吧？

三月三日长生殿，夜半无人私语时，如果真的能见到自己心爱的亡妻，又何必计较是不是在梦中呢？

红泪枕边成薄冰，一点一滴，都是思念之情。

而这情，要如何才能传达到亡妻那儿？

一生一死，两个字的差别而已，却是天地之隔，永远不能再见。

第二节　一次秘密的军事行动

试望阴山，黯然销魂，无言徘徊。见青峰几簇，去天才尺；黄沙一片，匝地无埃。碎叶城荒，拂云堆远，雕外寒烟惨不开。踟蹰久，忽冰崖转石，万壑惊雷。

穷边自足秋怀，又何必平生多恨哉。只凄凉绝塞，蛾眉遗冢；销沉腐草，骏骨空台。北转河流，南横斗柄，略点微霜鬓早衰。君不信，向西风回首，百事堪哀。（《沁园春》）

"千里赴戎机"，并不只有古代的花木兰，其实纳兰容若第二次北上，完全配得上这五个字。

那一年八月，纳兰容若奉皇帝的命令，再次北上。

只是这一次，没有了皇帝北巡时的气魄雄伟，队伍浩荡，有的是执行隐秘任务的小心翼翼与如履薄冰。

根据记载，康熙二十一年的时候，为了阻止沙俄的南侵，康熙皇帝派都统郎坦、彭春、萨布素等一百八十人，以"狩猎"的名义，沿着黑龙江一路往北，最后到达雅克萨。

当时雅克萨在沙俄的侵占下，于是，郎坦等人就装成寻常猎户的样子，探敌虚实，进行战略侦察，摸清了雅克萨的水陆通道。

有了这次侦查的情报，三年之后，清军与沙俄进行了史称"雅克萨之战"的反击战。清军取得胜利，朝廷与沙俄签订了中俄《尼布楚条约》，成功阻止了沙俄向南侵占与扩张。

当时参加这项隐秘侦查任务的人中，就有纳兰容若。

小榻琴心展，长缨剑胆舒。

当我们在回味纳兰容若那些优美词句的时候，也应该知道，这个男人除了会吟风弄月之外，也会提剑跨骑、上阵杀敌为国建功。

一世风流，一生至情，也同样有着不输给任何人的热血与豪迈。

徐乾学曾经赞他"有文武才，每从猎射，鸟兽必命中"，意思是说，在一干友人们去打猎的时候，纳兰容若也是英姿勃发，箭出必中，可想而知其神采飞扬。

对纳兰容若来说，武功并不是他得以自夸的资本，相比于骑射，他更喜欢的是诗词。但作为满族人的后裔，那种善骑射、骁勇尚武的传统，还是在他的骨血里根深蒂固，从而造就了这位文武全才。

他不但武艺出众，而且胆色过人。

姜宸英的《通议大夫一等侍卫进士纳兰君墓表》中曾经这样记述道：

……二十一年八月，使战唆龙羌。其地去京师重五六十驿，间行或累日无水草，持干粮食之。取道松花江，人马行冰上竟日，危得渡。仅抵其界，卒得其要领还报，上大喜。君虽跋涉艰险，归时从橐囊倾方寸札出之，叠数十纸，细行书，皆填词若诗，略记其风土方物。虽形色枯槁不自知，反遍示客，资笑乐。

意思是说，康熙二十一年八月的时候，纳兰容若被康熙皇帝派去参加这项危险的任务。目的地距离京城非常遥远，行进途中经常很多天都没有粮食水草，只能吃预先准备好的干粮充饥。一行人取道松花江，江面上早已结了厚厚的冰，他们在冰面上走了好几天，才勉强渡过了松花江。一到目的地，众人就分头进行自己的任务，把敌人的情况调查得一清二楚，回来禀告给皇帝，皇帝十分欢喜。纳兰容若君虽然跋涉艰险，困难重重，但回来的时候，从随身的皮囊内掏出只有方寸大小的数十张纸来，上面密密麻麻地写满了细小的字，都是纳兰容若在这一路上的所见所闻，风土方物，都填成了词，写成了诗。经过这一次危险的任务，他整个人都消瘦不少，但他并不在意，和以往一样与朋友来往，而且还拿自己消瘦的模样来开玩笑。

短短一段话，纳兰容若那文武双全又豁达的形象顿时跃然纸上。

难能可贵的是，在这样危险的执行任务的过程中，纳兰容若还是见缝插针，抓紧一切可以利用的时间，把自己在这一路上所见到的，都记录下来，写成诗词。

俨然一位豪爽的英雄豪杰、江湖侠客。

纳兰容若一行人圆满地完成了任务，他们又平安地返回了京城。

这场收复领地的战争，纳兰容若只参与了前半部分，后半部分，他却无缘得见。

不是因为他能力不够，没有资格参与，而是上苍终究舍不得自己的宠儿，把纳兰容若召回了自己的身边。

第三节　江南好

江南好，怀古意谁传。燕子矶头红蓼月，乌衣巷口绿杨烟。风景忆当年。（《忆江南》）

金陵，观音门外长江边，燕子矶三面悬绝临水，仿佛一只就要临空飞去的燕子一般，其景甚奇、甚险，悬崖下惊涛拍岸，卷起千堆雪。

燕子矶乃是金陵一名胜，来来往往游客很多。在这些游客中，有一年轻公子翩然而来。

他远远地看着那陡峭的仿佛临空燕子一样的山石，看着燕子矶四周无数的红蓼，带着旺盛的生命力在悬崖峭壁上顽强地盛开着，肆意张扬着它们短暂的生命。

人们来来往往，他们只是风尘仆仆的，来了又去，在长江水滚滚东去的浪涛声中重复着日出日落，重复着柴米油盐的平凡生活,最后渐渐老去,一年又一年,只留下燕子矶巍然耸立在江岩之上,看着人世间的一切。

燕子矶下,并无江南水乡的温婉秀美、安静宁和。它是陡峭的,甚至带着东坡学士笔下的"惊涛拍岸,卷起千堆雪"的气势,但饶是如此,当银白色的月光柔柔地洒下来,一弯新月斜斜地挂在天际之时,燕子矶下的江水也缓缓地沉静下来,只是轻轻地拍击着岸边的岩石,发出沙沙的响声。

金陵乃六朝古都,燕子矶何时矗立在此,无人可知、无处可考,但它就这样静静地立在长江岸边,看着改朝换代,看着昔日王谢堂前燕,不知什么时候飞入了寻常百姓家。

金陵东南文德桥南岸,便是乌衣巷。

东晋时期士族风流不羁,王导、谢安两大家族中也是名士尽出,那"未若柳絮因风起"的谢道韫,还有那"书圣"王羲之,无不是名满天下的名士,王、谢两家子弟裙屐风流,又喜黑衣,人称"乌衣郎"。

那时,谢安在淝水以少胜多,草木皆兵、风声鹤唳,大败了苻坚的秦军。

那时,谢道韫刚刚成为王凝之的妻子,王羲之的儿媳,夫妻恩爱相笃。

那时,王、谢两家的少年儿郎们,穿着流行的黑色衣裳,风流倜傥,出入不羁。乌衣巷口,夕阳又再一次斜斜地把最后的阳光洒落在地面上,把人拉出长长的影子。

当纳兰容若行走在乌衣巷口那翠绿的杨柳之下,也许会有种错觉,仿佛他是自千年前缓缓行来的东晋名士,带着浑身的书墨香,在淡淡的烟雾缭绕之间渐渐走来。

夕阳,仿佛把千年的时光都凝固在了乌衣巷那古老的青石板路上。

凝固在了巷口婀娜的杨柳枝间。

于是容纳兰容若也说:"江南好,怀古意谁传。燕子矶头红蓼月,乌衣巷口绿杨烟。风景忆当年。"

只不过,他忆的是哪个当年?如今早已说不清,但纳兰容若陪同康熙南巡到了金陵的时候,见到的燕子矶与乌衣巷,毕竟让他抒发了一通心中的怀古之意。

江南好,是白居易的"能不忆江南",

是他的"何日更重游"。

更是他的"早晚复相逢"。

却不是纳兰容若的"风景忆当年"。

回忆当年那王谢子弟,乌衣倜傥,在物是人非的千年时光流转中,渐渐模糊了面容,只有隐隐绰绰的身影,在燕子矶头、乌衣巷口,烟雾般缭绕着,述说着千年前的风流宛转。

别后闲情何所寄,初莺早雁相思。如今憔悴异当时。飘零心事,残月落花知。

生小不知江上路,分明却到梁溪。匆匆刚欲话分携。香消梦冷,窗白一声鸡。(《临江仙》寄严荪友)

纳兰容若作为皇帝的御前侍卫,随身近臣,比其他大臣与皇帝接触的时间要多，但侍卫是不参政的。虽然是有品级的军官，也并不统兵，他们与军政大事保持着一定的距离，职责只是保护皇帝的安全。

其实这么一想，也许御前侍卫是最适合纳兰容若的职位。

他素来不喜欢政治，本来也不想进入官场，但是因为家庭与出身的特殊性，让他不得不违背自己的意愿，走上原本不想走的路，而御前侍卫这个职位对他来说，或许是不错的选择了。

康熙皇帝一生六次南巡，并不是为了游山玩水去的，而是为了考察黄河水患、体察民情、整顿吏治，同时消泯满汉之间的对立情绪，笼络人心。这六次南巡，对稳定江南局势起到了积极的作用，同时最值得称道的是，长期肆虐让人束手无策的黄河水患，在康熙第六次南巡的时候，就已经基本上得到了控制，这大概就是康熙南巡最值得肯定的政绩了。

皇帝出巡，那阵势用千军万马来形容也不为过。为了迎接皇帝的驾临，翻修道路、修建凉亭驿馆，凡此种种，都是劳民伤财的。

曹寅深得康熙宠信，六次南巡，有四次是住在曹寅家，外人看来荣耀无比，但是也因此给曹家造成了经济上的重大亏空。虽然江南织造是个肥缺，但是自曹寅上任以来，亏空高达三百万两的巨额。

当然，这是后话，而在康熙第一次南巡的时候，随行的侍卫中，就有刚升为一等侍卫的纳兰容若。

对康熙皇帝来说，下江南，是君临天下的气概，是看自己的大好河山。

所以，康熙是志得意满的。

甚至在乘船来到黄天荡，突然遇到狂风大作的时候，其他人惊慌失措，急忙去降下船帆，他却神色如常，下令升帆顺风而行，站立船头，射杀江豚。

当时年轻的康熙皇帝，是颇有着一股睥睨天下的霸气的。

在这次下江南的途中，纳兰容若写了一系列的《忆江南》。

在这组《忆江南》中，纳兰容若把自己一路上的所见所闻悉数写了进去，一时之间，传唱甚广。

但是对纳兰容若来说，平时只能在朋友口中听到的地方风物，想不到今天都真的看到了。

"生小不知江上路，分明却到梁溪。"

梁溪，是无锡西边的一条小河，有时候也作为无锡的代称。而无锡，正是纳兰容若的好友顾贞观与严绳孙的故乡。

纳兰容若行到无锡，看见这位好友的手迹，处处皆是，所谓"别后闲情何所寄"，如今身在他乡，却处处都能见到好友曾经留下的足迹与题铭，这让纳兰容若觉得，是在用一种奇妙的方式，与好友们一一重逢。

当然，纳兰容若知道，在江南，还有着一位好友，也在等待着自己的到来，等待着两人的重逢。

那，便是曹寅。

第四节　好友曹寅

籍甚平阳，羡奕叶、流传芳誉。君不见、山龙补衮，昔时兰署。饮罢石头城下水，移来燕子矶边树。倩一茎黄楝作三槐，趋庭处。

延夕月，承晨露。看手泽，深余慕。更凤毛才思，登高能赋。入梦凭将图绘写，留题合遣纱笼护。正绿阴青子盼乌衣，来非暮。（《满江红》）

这首《满江红》，有个副标题叫作"为曹子清题其先人所构楝亭，亭在金陵署中"，那曹子清是谁呢？就是《红楼梦》的作者曹雪芹的祖父，鼎鼎大名的曹寅。

曹寅的母亲孙氏是康熙皇帝的保姆，而曹寅因为和康熙年纪差不多，一直陪伴在他的身边，一起长大。十七岁的时候，曹寅当上了康熙的侍卫，两人之间的关系十分亲密。在康熙十一年，曹寅和当时十八岁的纳兰容若一起，在顺天府的乡试中双双考中举人。

纳兰容若与曹寅曾经共同担任康熙的侍卫长达八年之久，两人的交情十分深厚。当时纳兰性德在服侍康熙皇帝之外，还要负责照顾御马。而曹寅则是负责养狗的头领。

两人同样是御前侍卫，又同样养马遛狗，在开玩笑的时候，都还拿对方的这段经历来互相取笑。

忆昔宿卫明光宫，楞伽山人貌姣好；马曹狗监共嘲难，而今触痛伤枯槁。

纳兰容若辞世之后，有一次聚会，曹寅想起故去的好友，曾这样用诗句来表达了自己对纳兰容若的悼念之情。

楞伽山人是纳兰容若的号，曹寅在诗中自嘲一般回忆起，当年同在明光宫当侍卫的时候，纳兰容若年少英俊一表人才，居然也来做这"弼马温"的活计，马曹狗监，其他交好的同事便借此开他玩笑，无伤大雅，但是如今纳兰容若却已离众人而去，回想起来，很是伤感。

曹寅不愧是与纳兰容若"一起玩大"的少年玩伴，即使后来曹寅外放官职，两人之间的友谊依旧没有半点改变，就如少年时候那样。

多年之后，曹寅在题咏张纯修所作的《楝亭夜话图》的时候，不光是回忆了昔日同在宫中当值时期的欢乐时光，更是在词中叹息道："家家争唱饮水词，纳兰心事几曾知？"

写这首诗的时候已经是纳兰容若故世十年之后，如今，他的词名已天下皆知，《饮水词》家喻户晓，可如人饮水，冷暖自知，纳兰容若的心事，又有多少人能真正地明白呢？

除了他自己，谁也无法明白这位贵公子的内心。

其实很多人都只知道曹雪芹是文学大家，一部《红楼梦》，旷古烁今，成为我国文学史上不朽的巨作，可又有多少人知道，曹雪芹的祖父曹寅，也是通晓诗词、精通音律的文雅之士呢？

他曾经主编《全唐诗》，著有《楝亭诗抄八卷》《诗抄别集四卷》《词抄一卷》《词抄别集一卷》《文抄一卷》等作品，还有种说法，说戏剧《虎口余生》与《续琵琶》的作者也是曹寅。

因为曹寅精通诗词戏曲，所以营造出曹家浓郁的文化艺术氛围，而曹雪芹在这样的环境中长大，也是精于文字，最后才写出了《红楼梦》这部不朽的巨著。

大概是由于祖父曹寅与纳兰容若的这层关系，曹雪芹在塑造贾宝玉这个人物形象的时候，很明显融入了纳兰容若的一些特质与影子。

当《红楼梦》面世以后，人们都纷纷考证贾宝玉的原型就是纳兰容若。清朝的经学大家俞樾曾在自己的书中这样写道："《红楼梦》一书，世传为明珠之子而作。明珠子名成德，字容若。"

后来，乾隆年间的时候，大臣和珅把《红楼梦》进呈给乾隆皇帝，乾隆皇帝看完之后掩卷而道："这不写的就是明珠家的事情吗？"

下面这段记载出自赵烈文的《能静居笔记》：

曹雪芹《红楼梦》，高庙（指乾隆）末年，和（和珅）以呈上，然不知其所指。高庙阅而然之，曰："此乃为明珠家事作也。"后遂以此书为珠遗事。

虽然说纳兰容若就是贾宝玉的原型的说法模棱两可，而《红楼梦》即明珠家事的这种论点也有点牵强附会，但无论如何，曹雪芹在写作的时候，将自己的家事、自己的经历，再加上从父辈们那儿知道的关于明珠家族的事情，相互融合在了一起，最后写进了小说之中，这种可能性，并不是没有。

"今宵便有随风梦，知在红楼第几层？"

第六章 情殇 一片伤心画不成

> "谁念西风独自凉,萧萧黄叶闭疏窗。沉思往事立残阳。
>
> 被酒莫惊春睡重,赌书消得泼茶香。当时只道是寻常。"

康熙十六年,卢氏因产后患病,于五月三十日离世。

她永远离开了纳兰容若。

第一节 爱妻亡故

那是康熙十六年。

对于纳兰容若来说,这原本该是欢喜的一年。

这一年,父亲明珠从吏部尚书升为武英殿大学士,位极人臣,权倾朝野。

也在这一年,妻子卢氏身怀有孕,算算日子,四月就要临盆了。

这个即将诞生的孩子并不是纳兰容若的长子。之前,妾室颜氏就已经为他生下了一个儿子,取名叫作富格。

作为明珠家孙辈的长子,富格这时还小,只知道自己要做哥哥了，欢喜着，盼着小弟弟早日降生。

不光是小小的富格，府里上上下下所有的人都在盼望着这个孩子的出世。

纳兰容若更是分分秒秒都在数着、盼着，期待着孩子的降生。

四月的时候，卢氏顺利地产下了一子，起名海亮。

当府里上上下下的人都还沉浸在新生命诞生的喜悦中时，噩运却悄然地降临到了卢氏与纳兰容若的头上。

一个月后，卢氏因为产后受了风寒，缠绵病榻，终于在五月三十日那天，永远地闭上了双眼，离开了她刚刚出生的孩子，离开了她深爱的丈夫。

"憔悴去，此恨有谁知，天上人间俱怅望，经声佛火两凄迷，未梦已先疑。"

有时候幸福是那么的圆满，可圆满的幸福总是那么的短暂，短暂得几乎是弹指间匆匆而过，刹那间，便已暗转了芳华。

执子之手，与子偕老。

他以为自己能够与卢氏一起，天长地久，哪知所有的海誓山盟在无情的命运面前，不过都是一句轻飘飘的笑话。

纳兰容若这才惊觉，原来所谓的"与子偕老"，简简单单四个字，竟是如此的遥远，穷尽一生的时光，却再也无法实现。

辛苦最怜天上月，一昔如环，昔昔长如玦。但似月轮终皎洁，不辞冰雪为卿热。

无奈钟情容易绝，燕子依然，软踏帘钩说。唱罢秋坟愁未歇，

春丛认取双栖蝶。(《蝶恋花》)

当初陪着自己赏月的人,现在又在哪里?

看着天边的明月,纳兰容若这样喃喃自语。

"辛苦最怜天上月",可怜你每一晚都高高地挂在天上,却总是亏多盈少,一个月之中,只有那么一两天的时间才是圆满的,其他的时候,夕夕都缺。

如果上苍真的能让月亮每晚都圆满无缺,那么,我们也就能永远幸福地在一起,永不分离了吧?

纳兰容若这样向月亮默默祈祷着。

但是月亮无言,只是静静地看着人世间一切的悲欢离合,把银白色的月光温柔地洒向世间的每一个角落。

却唯独照不到人的内心。

看着天空中的圆月,纳兰容若想着,若是天路能通,自己就能再度与爱人相见了吧?

不辞冰雪为卿热,多么美好的故事。

那痴情的男人,为了重病的妻子,不惜在寒冬腊月,脱光衣服让风雪冰冷自己的身体,再与妻子降温,只是,这般痴情又如何?他心爱的妻子最终还是离世长辞,而这痴情男子最后也病重不起,追随妻子而去。

即使世人都纷纷斥责这个男人沉迷于儿女情长,但纳兰容若却从未觉得。在他的心目中,在世人看来"不正常""不理性"的种种举动,是如此正常,可以感同身受。

大概因为他们都是同一类人吧?

所以，才"不辞冰雪为卿热"。

如果上天能让我们再度相聚，如果上天能让我们再度幸福地厮守在一起，那该有多好？

如果说纳兰容若的《侧帽集》，还带着少年郎不知人间疾苦、潇洒不羁的风流，那后来的《饮水词》，当真就如标题所言一样，如人饮水，冷暖自知，个中的滋味，只有他自己知道。

经历了丧妻之痛，亲眼见证了生命的诞生，又亲眼见到挚爱的人逝去，此时的纳兰容若，早已不是当年意气风发的少年郎，在他的心中，已经不可避免地笼上了一层忧伤的色彩。

卢氏的故去，并未随着岁月的流逝而在纳兰容若的心中逐渐黯淡，反而越来越清晰，最终，化为他笔下一首又一首的悼亡词。

纳兰容若的好友顾贞观曾经这样说过："容若此一种凄婉处，令人不能卒读，人言愁我始欲愁。"

也正好说明了纳兰容若写与亡妻卢氏的悼亡词，哀婉清丽，情真意切，令人看了感同身受，肝肠寸断。

谁念西风独自凉，萧萧黄叶闭疏窗。沉思往事立残阳。

被酒莫惊春睡重，赌书消得泼茶香。当时只道是寻常。（《浣溪沙》）

纳兰容若与卢氏，少年夫妻，恩爱缠绵，但幸福的日子却只不过短短三年。

当幸福远去，以前在一起的点点滴滴，便清清楚楚地涌上心头，来回萦绕，刻骨铭心。

那些平凡幸福的夫妻生活，当时看来，随处可见，随时可见，就像呼吸一般自然，自己也从来不曾去留心过，但为何如今回想起来，却是每一点每一处，甚至对方说过的每一句话，都那么的清楚。就像是融入了自己的骨血之中，随着时间的流逝，不但没有逐渐遗忘，反而更加清晰。

卢氏亡故，已经不知过了多久。

对纳兰容若来说，这段时间是多么的度日如年呀！时间似乎已经没有了意义，日出日落，连他自己都数不清楚了，只清楚记得，那一天，当他得知噩耗，失魂落魄地走进房间的时候，她就躺在那儿，面容温柔，仿佛只是睡着了一样，双目却紧紧闭着，再也没有睁开。

她是睡着了吧？如果一直呼唤她的芳名，是不是就能再度醒来，微笑着，和以前一样，在自己的耳边喁喁细语？

但是，她已经走了，永远地离开了自己的孩子，离开了自己心爱的丈夫。

她走得那样仓促，快得让所有的人都反应不过来，快得连话都没留下，更遑论告别。

短短三年的幸福，如今随着她的离去而散成了风中的飘絮，就像那一片片西风中的落叶，带着秋天瑟瑟的寒意，缓缓飘去。

在全府的悲伤中，纳兰容若失魂落魄一般，任由其他人忙碌地操劳丧事，自己只是呆呆地站着，魂魄早已不在此处。

他第一次觉得，面对生死，自己是如此的无能为力，当噩运突然来临，他竟毫无招架之力，只能眼睁睁地看着残酷的命运无情地带走自己心爱的妻子。

原来那些曾经让人艳羡的幸福，只不过是为了让他从云霄之上高高地摔下，伤得更痛，伤得更深。

悲伤的并不只纳兰容若一人，对明珠与觉罗氏来说，失去了这么一位近乎完美的儿媳妇，也是无法弥补的遗憾，他们也感慨着，悲伤着，既为了卢氏的年少而亡，也是为了儿子的丧妻之伤，更有着对失去卢氏家族——封疆大吏势力支持的惋惜。

颜氏则一直安安静静的，表达着自己的伤痛。

她并没有趁机妄想去争夺卢氏的位子，而是照顾卢氏刚刚生下的儿子——海亮，尽心尽意地照顾着这个失去母亲的婴儿，这是她表达自己对卢氏的敬意和伤痛的方式。

唯一有权完全浸入悲伤的，只有纳兰容若。

突如其来的噩耗让他至今还无法相信，温柔的妻子已经永远地离开了自己。所以，他几乎是放任自己被悲伤全然地侵蚀。

花草树木，楼台亭阁，甚至池子里的莲花、金鱼，每一处仿佛都还能看到妻子那纤细的身影。

就像从来不曾离去。

每一处妻子曾经待过的地方，空气中似乎还有着她身上那淡淡的、熟悉的香气。

当初两人携手共同走过的走廊，如今看起来，竟那么长！

当初两人共读的书房，如今看起来，竟那么空旷！

以前种种甜蜜的回忆，现在回想起来，竟泛出了苦涩的味道。

在卢氏的丧礼结束之后，府中的其他人，就各自回到了自己生活的轨道上。

他们并没有多余的时间来悲伤。

只有纳兰容若。

卢氏的死,给了他沉重的一击,在心中留下了永生都无法磨灭的伤痕。

好在这一年的秋冬,康熙皇帝下了命令,让纳兰容若担任乾清门的三等侍卫。

有了公职在身,原本赋闲的纳兰容若也忙碌起来。

这样也好,忙碌着,有着其他的事情分心,至少就不会再时时刻刻地想着卢氏了吧?

纳兰容若这样天真地想着。

可是,思念不是这么轻易就能从脑子里被驱赶出去的。

工作再繁忙,任务再沉重,也总有做完的时候,每当这个时候,对卢氏那刻骨铭心的思念之情就会从每一个角落悄悄地窜出来,在心中萦绕,挥之不去。

在卢氏逝世之后,纳兰容若似乎突然对易学有了浓厚的兴趣,书桌上,堆满了古今各大易学家的著作。

他一头扎了进去,如饥似渴地吸收着这全新的知识。

这天并未轮到纳兰容若去乾清宫当值,他从一大早开始,就钻进了书房,全神贯注地阅读那些大家的著作,沉浸在自己的世界里,对时光的流逝完全没有察觉。

直到传来轻轻的敲门声,他才发觉太阳已经移到了西边,夕阳西下。

啊，是了，已经这么晚了。

轻轻的敲门声又再度传来，纳兰容若想也不想地就唤着卢氏的名字。

以往，每当自己看书忘了时间忘了用餐的时候，卢氏总会贴心地替他端来饭菜，温柔地提醒他不要太过废寝忘食，累坏了身体。

所以，当听到门外传来敲门声的时候，他几乎是条件反射地，想也不想就脱口说出卢氏的名字。

那端着饭菜的温柔女子闻声，脸上的笑容微微凝固了一下，旋即带上一丝无可奈何，还有一丝悲伤。

她素来沉静惯了，如今，也只是恭敬地把饭菜放到桌上，然后有些担心地看了看自己的丈夫，才依依不舍地离开。

看着颜氏远去的身影，纳兰容若一时竟说不出话来。

当他面对这位安静的女子，却脱口唤出卢氏的名字的时候，他清楚地看到了，颜氏脸上那一抹无奈的神情。

如果卢氏……如果卢氏还活着的话，那么，刚才送饭菜来的人，便应该是她了吧？

当敲门声响起的那一刹那，纳兰容若几乎有种卢氏还未离去，马上就会推门而入的错觉。

桌上的饭菜渐渐凉了，纳兰容若却依旧毫无食欲。

他只是站在窗前，看着窗外逐渐西沉的夕阳，还有夕阳下，空荡荡的庭院。

"谁念西风独自凉"，这样的七个字突然钻进他的脑子里。

许久之后，纳兰容若轻轻地关上了窗户。

那被瑟瑟的秋风吹落一地的萧萧黄叶，在空中飞舞着，缓缓飘落在地，说不出的凄凉。

纳兰容若不忍再看，转过头去。

他无法阻止时光的流逝，更不能阻止秋叶的飘落。

就如他只能看着妻子逝去，无能为力一样……

如果她还在……

如果她还在身边，看到窗外落叶纷纷飘下的情景，会说些什么呢？

她总是微笑着，对所有的人、所有的事都那么的温柔……

自己喝醉了，躺在床上沉睡不起，任凭身旁的人儿怎么呼唤，都装睡，在对方无可奈何的时候，才悄悄地睁开眼睛……

浮现在脑海之中的，都是多么美好的回忆啊，两人之间的心灵契合，是如此的幸福。

"被酒莫惊春睡重，赌书消得泼茶香。"

这些，不都是当时自己与卢氏曾经做过的事情吗？

李清照《金石录后续》有一则记载：

余性偶强记，每饭罢，坐归来堂烹茶，指堆积书史，言某事在某书某卷第几叶第几行，以中否角胜负，为饮茶先后。中，即举杯大笑，至茶倾覆怀中，反不得饮而起。

当初，自己与卢氏，不就像赵明诚与李清照一般诗情画意、一般恩爱吗？

那些相处的片段，回想起来，分明只是些寻常的琐事而已，寻常的日子，寻常的时光。

本来以为会一直这么寻常下去，哪知道，在一起的日子只不过短短的三年。

当时只道是寻常。

恩爱再笃又如何？却抵不过命运的残酷。

就像赵明诚与李清照，终究，赵明诚还是先舍李清照而去，而自己，却是被卢氏先遗落在了这人世间。

如果我们能够回到从前，是不是就能再度相见？

心爱的人儿啊，你怎么可以如此狠心，把"我"独自遗落在这苍茫的人世间？在无尽的岁月中独饮回忆酿成的苦酒，永醉于痛苦的哀悼之中，夜夜沉沦。

古往今来，写过悼亡词的人不在少数，但没有人能像纳兰容若这样，十年如一日，无时无刻不在思念着亡妻，把对妻子的思念写进词中。

从卢氏刚刚亡故后的"判把长眠滴醒，和清泪、搅入椒浆"，到跟随康熙皇帝北上南巡之后的"旧欢如在梦魂中，自然肠欲断，何必更秋风"，我们可以看得出来，即使经过了这么多年，纳兰容若对卢氏的思念之情，并未因为时光的流逝而有丝毫的改变，仿佛妻子的离去永远都是昨天的事情一样，伤痛弥久愈新。

说纳兰容若是情种，当真一点都不为过。

只是强极则辱，而情深，却是不寿……

第二节　悼亡词

青衫湿遍，凭伊慰我，忍便相忘。半月前头扶病，剪刀声、犹共银釭。忆生来小胆怯空房。到而今，独伴梨花影，冷冥冥，尽意凄凉。愿指魂兮识路，教寻梦也回廊。

咫尺玉钩斜路，一般消受，蔓草残阳。判把长眠滴醒，和清泪、搅入椒浆。怕幽泉还为我神伤。道书生薄命宜将息，再休耽、怨粉愁香。料得重圆密誓，难禁寸裂柔肠。（《青衫湿遍》）

在词牌中，并没有《青衫湿遍》这个词牌名，也许这是纳兰容若自创的新名吧，却也是他无数悼亡词中，最早写给亡妻的一首。

这首词作于康熙十六年，大概六月中旬，那时候，卢氏亡故刚刚半个月。

想必这正是纳兰容若最伤心欲绝的时候吧？

思念亡妻，泪如雨下，以至于青衫湿遍，于是，才有了这首《青衫湿遍》。

悲伤的眼泪把衣衫都给打湿了，还妄想着能听到你安慰的声音，可是，如今早已成了一场虚幻。

人们说这首词大概是纳兰容若的悼亡词中最早的一首，依据应该就是这句"半月前头扶病"了。

半月前，卢氏产后受寒，病重而亡。

他如何才能控制住自己不去想念亡妻？

他如何才能控制住自己不去寻找亡妻的身影？

真的是很难啊……

夜深了，烛火亮了起来。看着摇曳的烛火，仿佛耳边又响起了烛剪的声音，仿佛还能看到，卢氏一双纤手执着银剪，正小心地剪去灯花，好让烛火更加明亮。

每晚，妻子都会像这样，安静地陪伴着自己看书，如今，书依旧，烛依旧，房依旧，人却不见了影踪。只有窗外凄凄冷冷的梨花影子，说不出的凄凉。

在这首词里，我们见到的是纳兰容若对妻子最深切的怀念，还有无尽的悲伤。

看到烛火，会让他想起亡妻，而其他的事物呢？

纳兰容若的词里很擅长用一些日常所见的事物来表达自己的心情。也许当真是伤心人别有怀抱，在他眼中，剪刀、烛火、梨花、回廊……这些平时再寻常不过之物，如今，却是那么凄凉，仿佛都在无言地述说着悲伤之意。所以越发显得他的词清新自然，不事雕饰。

自然，也让我们如今读起来，只觉口齿噙香。

最后再说一下"青衫湿遍"这个词牌名，它应该是纳兰容若自创的，而"青衫湿遍"，很明显是出自白居易的《琵琶行》："座中泣下谁最多，江州司马青衫湿"。

纳兰容若以此句作为新词牌名，个中含义，不言而喻。

他还写过一首词，词牌名与《青衫湿遍》颇为相似，只差了一个字，也是悼亡词。那便是《青衫湿》，全词如下：

近来无限伤心事，谁与话长更？从教分付，绿窗红泪，早雁初莺。

当时领略,而今断送,总负多情。忽疑君到,漆灯风飐,痴数春星。

这是一首小令,一如他平时的风格,清婉凄凉,饱含深情。

最近伤心的事情一件接一件,要向谁述说呢?而最伤心的,莫过于午夜梦回的时候,想起亡妻的音容笑貌,恍如隔世了吧?

丁巳重阳前三日,梦亡妇淡妆素服,执手哽咽,语多不复能记。但临别有云:"衔恨愿为天上月,年年犹得向郎圆。"妇素未工诗,不知何以得此也,觉后感赋。

瞬息浮生,薄命如斯,低徊怎忘。记绣榻闲时,并吹红雨;雕阑曲处,同倚斜阳。梦好难留,诗残莫续,赢得更深哭一场。遗容在,只灵飙一转,未许端详。

重寻碧落茫茫。料短发朝来定有霜。便人间天上,尘缘未断;春花秋叶,触绪还伤。欲结绸缪,翻惊摇落,减尽荀衣昨日香。真无奈!倩声声邻笛,谱出回肠。(《沁园春》)

"上穷碧落下黄泉,两处茫茫皆不见。"

当初在读到白居易的《长恨歌》之时,纳兰容若怎么也不会想到,有一天,自己也恨不得能如此做吧?

恨不得能够"上穷碧落下黄泉",只要能再度见到心中的那一抹倩影。

那是丁巳年,是卢氏亡故的那一年。

已经快到重阳节了,府中的人为了这个节日,都开始忙碌起来。

　　看着众人准备糕点，做好了过节的准备，纳兰容若却不由想到，若是她还活着，此刻也是和其他人一样，采摘茱萸，做着重阳糕，准备菊花酒吧？

　　就像去年的重阳节一样。

　　但是，当今年的重阳节再度来临，那柔美的身影，却早已成了永诀。

　　只有在梦中才能再度相见了吧？

　　日有所思，夜有所梦，于是，就在重阳节的前夕，纳兰容若终于在梦中见到了自己心爱的妻子。

　　"丁巳重阳前三日，梦亡妇淡妆素服，执手哽咽，语多不复能记。"

　　梦中，妻子一身素服，雪白的衣裳，依旧是那么清丽，依旧是那么温雅柔美，与记忆里相比，丝毫没有改变，只是，以前总是带着温柔笑容的她，如今却是愁容满面，双目含泪。

　　即使是在梦中，再见到心爱的妻子，早已是惊喜交加，喜极而泣。

　　眼泪模糊了双眼，周围的一切都看不清楚了，只有妻子的身影还是那么的清晰。

　　执手相看泪眼，竟是无语凝噎。

　　千言万语，说了些什么，后来回想起来，竟是一句都不记得了，眼中只有妻子含泪的双眼，还有依依不舍的悲伤表情。

　　不……还记得一句……

那是在临别之时,妻子说的最后一句话。

"衔恨愿为天上月,年年犹得向郎圆。"

"我"是那么地舍不得你,如果能变成天上的月亮,那么定会每一年都陪伴着你,月长圆。

妻子虽然知书达理,却从来不擅长作诗的啊,为什么会向自己说出这样的两句诗来呢?

梦总是会醒的。

纳兰容若醒来之后,回想起梦中所遇,悲伤不已,当下披衣起床,就写下了这首《沁园春》。

"瞬息浮生,薄命如斯,低徊怎忘。"

第一句,就写出了自己满腔的惋惜之情。

浮生如此,卿却如此的薄命,那些欢乐的日子还未在岁月里沉淀,就已经变成了过去的回忆,点点滴滴在心里,如何能忘得了?

那是多么欢乐的记忆啊!

闲暇的时候,双双躺在绣榻之上,看那窗外桃花乱落如红雨。

日落的时候,便倚在长廊边,看着夕阳渐渐沉向西边。

如今回想起来,那些快乐的回忆,竟像是一场梦一样,偏生又美好得仿若诗篇。

如果是梦,为什么好梦总难圆?

如果是诗,为什么却是诗残难续?

如今却只能痛哭一场,无能为力。

即使在梦中再见了爱人的容颜,却是像快捷的风一样转瞬即逝，还未来得及细细端详，述说自己的相思之情，爱人的身影便已经飘然远去。

梦醒之后，眼前只有空荡荡的房间，哪里还有妻子的身影？

那熟悉的音容俱逝，天地茫茫，上穷碧落下黄泉，却依旧是两处茫茫皆不见，无处可寻，无处可找，不胜凄凉。

曾为纳兰容若之师的徐乾学，后来评价纳兰容若的词，是"清新秀隽，自然超逸"。而纳兰之词，胜在"自然"二字，在他的悼亡词中，更是仿若自肺腑流出一般，情真意切。

如果不是这一片真挚的感情，如今我们在读纳兰词的时候，还会为之感动、为之潸然泪下吗？

泪咽更无声，止向从前悔薄情。凭仗丹青重省识，盈盈。一片伤心画不成。

别语忒分明，午夜鹣鹣梦早醒。卿自早醒侬自梦，更更。泣尽风檐夜雨铃。（《南乡子》为亡妇题照）

文武双全，用来形容纳兰容若，自是一点也不夸张，而除了擅长写词之外，其实他的画技，也是十分不俗。

纳兰容若曾经专门请过师傅来教授他绘画，在他的好友之中，严绳孙以擅长绘画出名，被人以倪瓒称之。严绳孙的山水，深得董其昌恬静之意，他又十分擅长画人物、楼阁、花鸟，尤其擅长画凤凰，翔舞竦峙，五色射目。有这样一位绘画大师在自己的身边，纳兰容若的画技，也是相当不错的。

因为英年早逝，纳兰容若并未在画坛上留下盛名，但其画技用来描绘亡妻的容貌,却是已足够。

也许是在某一天的夜里,纳兰容若突然想起来那个名唤"真真"的女孩子的故事。

记不清是什么时候了,他与妻子共读唐人杜荀鹤的《松窗杂记》,看到了这个关于一幅画的故事。

唐代的时候,一个名叫赵颜的人请了位著名的画家为他绘制屏风,屏风上画着一位非常美丽的侍女,赵颜便感慨道:"如果她是活的便好了,我定要娶她为妻。"画师听了,边说:"这有何难?此女名唤真真,只要你呼其名昼夜不歇,她便会答应,后以百家彩灰酒喂她喝下,便能活。"

赵颜当真照画师的话做了,昼夜不停,一直呼唤着真真的名字,在第一百天的时候,屏风上那美丽的女子竟然当真开口说话了:"我在此。"赵颜大喜,当下就按照画师所教,用百家彩灰酒喂她喝下,那女子翩然而下,活生生地站在赵颜的面前。年底的时候,赵颜与真真有了一个孩子,两人十分恩爱。然而,正如一切的志怪小说中必然会有的情节一样,两年后,一位友人对赵颜说:"此女必妖,当除之。"并且给了赵颜一把宝剑。赵颜也开始怀疑起自己的妻子来。疑心才动,真真就已经知道了,哭泣着对丈夫说道:"君百日呼妾名,为使你达成心愿,我才走下屏风,如今生疑,我不可能再与你在一起了。"说完,便抱着孩子,一步一步慢慢地后退,就像来时一样,回到了画中,再度成为画上不会动也不会说话,更不会哭不会笑的人物形象。和以前唯一不同的是,画上多了一个孩子,那正是赵颜与真真所生的孩子。此时,赵颜才后悔不迭,再度呼唤真真的名字,却再也无法得到画中人的回应,徒留惆怅与枉然,还有后悔与伤心。

纳兰容若记得清清楚楚,自己与卢氏讲述这个故事的时候,妻子是如何惊叹故事的神奇,又是如何惋惜结局的惆怅。可如今,故事仿佛还在耳边,那听故事的人去了哪里?

也许是受到这个故事的启发,纳兰容若画了一幅亡妻的画像,并在一旁题上了这首《南乡子》。

如果自己对着这幅画像,也像赵颜那样,昼夜不停,呼唤着卢氏的名字,一直呼唤一百天,是不是卢氏就能像故事里的真真那样,也从画中走下来,与自己再度相聚?

很难说,纳兰容若没有这样试过!

他是那么的孩子气,带着从未曾变过的纯真,在这个充满荆棘的世界中艰难地跋涉前行,被残酷的命运一次又一次地伤害。他无力去改变这个世界,只能无奈地承受。

昔日唐朝诗人高蟾曾经这样写过,"世间无限丹青手,一片伤心画不成"。

如今,自己虽然描绘出了亡妻的笑貌,可其中的伤心无奈,又如何才能画出来呢?

就像后来他又写的另外一首《虞美人》。

春情只到梨花薄,片片催零落。夕阳何事近黄昏,不道人间犹有未招魂。

银笺别记当时句,密绾同心苣。为伊判作梦中人,索向画图影里唤真真。

如果"我"也像赵颜一样,日日夜夜都呼唤你的名字,是不是在午夜梦回的时候,你就会再度出现在"我"的面前?

然后,白头偕老。

第三节　着意佛法

抛却无端恨转长。慈云稽首返生香。妙莲花说试推详。

但是有情皆满愿,更从何处著思量。篆烟残烛并回肠。(《浣溪沙》)

纳兰容若开始对佛法感兴趣,是他在双林禅院居住的那段日子里。他博览院中所藏的佛学典籍,以慰亡妻之痛,从而开始渐渐地进入了佛法的世界。

当人在遭遇不幸时,通常会把自己的目光转向探求生命奥义的宗教世界。

不能说当时纳兰容若就是绝望的,但卢氏的死,确确实实给了几乎没怎么经历过挫折的纳兰容若沉重一击,让他彻底地明白,命运才是永远不可抗拒的,在这样的情况下,他开始逐渐地进入了佛法的世界。

纳兰容若为妻子卢氏守灵的双林禅院,就在现在的北京阜成门外的二里沟。当年幽静清雅的禅院,如今变成繁华的街道,车如流水马如龙,哪里还找得到当年那清雅佛地的半点踪影?

当年,灵柩被送到了这里,在那段时间,纳兰容若都是滞留在这座清雅的禅院之中。

暮鼓晨钟为伴。

眼前所见，是佛前的香火灯烛；耳中所闻，是佛经梵音，在这样的氛围之中，纳兰容若开始有意识地看起佛经来。

"佛说楞伽好，年来自署名。几曾忘宿慧，早已悟他生。"

在他的《渌水亭杂识》中，有很多关于他对佛法的见解和看法，可以看得出来，纳兰容若读过不少的佛法书籍，也可见他对佛法的重视。

佛教在汉代的时候传入中国，与中华文化相互结合之后，便成了中国传统文化的一个重要组成部分，带上了中国文化特有的性质。

纳兰容若在《渌水亭杂识》中这样写道：

儒道在汉为谶纬所杂，在宋为二氏所杂。杂谶纬者粗而易破，杂二氏者细而难知。苟不深穷二氏之说，则昔人所杂者，必受其瞒，开口被笑。

意思是说，儒学在汉代的时候混入了谶纬之学，在宋代的时候混入了佛学。混入谶纬之学，粗陋而容易被看破，混入佛学则会太过精细而难以理解。如果不深入了解与研究佛学，则无法理解其中的精妙之处，开口讨论，会被嘲笑。

纳兰容若是主张"深穷二氏之说"，同时也指出："三教中皆有义理，皆有实用，皆有人物""大抵一家人相聚，只说得一家话，自许英杰，不自知孤陋也。读书贵多贵细，学问贵广贵实。"

显然，这里所指的"书"，乃是指的佛学之书，而所说的"学问"，自然也指的是佛教的学问。纳兰容若认为，读书不应该局限于一种学问，要想真正学到知识，应该把其他领域的著作认真地阅读，儒家、道家、佛家，都应该了解，学习别家的学问。

在佛家的著作之中，纳兰容若最常读的，或者说最喜欢的，便是《楞伽经》。这在他的《渌水亭杂识》中，也有着不少的记载。

楞伽翻译在武后时，千年以来，皆被台家拉去作一心三观。万历中年，僧交光始发明根性宗趣，暗室一灯矣。

"台家"指的是中国佛教的天台宗，而"一心三观"则是指的天台宗的基本教义，"事物依缘而生，故为假有；虚假不实，故为真空；空、有不离，非空非有，即为中道。须于心中同时观悟此三者"。纳兰容若这句话的意思是说，《楞伽经》被天台宗拿去作为一心三观的理论依据。由此可见，纳兰容若对于佛学书籍涉猎甚广，才会有此感慨。

而在《渌水亭杂识》的卷四中又写道："什师《维摩经》注有云：天人以山中灵药置大海中，波涛日夜冲激，遂成仙药。"

这里涉及一个小小的传说，说天上的仙人把灵药放在大海之中，让浪涛日夜冲刷，便会成为灵验的仙药。

这倒是让人不禁想起关于"返生香"的传说来。

"返生香"又叫"还魂香"，在东方朔的《海内十洲记》中有记载，传说聚窟洲上有神鸟山，山上长有返魂树，这种树的树根、树心能够制成返生香，让已经死去的死者重新复活，再也不会死去。

纳兰容若在《渌水亭杂识》中记载了这个故事，未必没有回想起汉武帝见李夫人亡魂的典故来。

据说汉武帝的宠妃李夫人死去之后,汉武帝日夜思念,于是唤来方士招魂,唤出了李夫人的魂魄相会,传说那方士正是用返魂香从冥界地府唤回来李夫人的灵魂。

而纳兰容若在痛失爱妻之后,是不是也曾像当年的汉武帝一样,动过把爱人的魂魄从冥府召唤回来的念头呢?

"抛却无端恨转长。慈云稽首返生香。"

他是不是也曾在菩萨的面前,苦苦地祈求过佛祖赐予自己那传说中的"返生香",让自己能够再见卢氏一面?

"有情皆满愿",但是这终究是他一相情愿的美好心愿罢了。

第四节　对爱妻的怀念

十月初四夜风雨,其明日是亡妇生辰

尘满疏帘素带飘,真成暗度可怜宵。几回偷湿青衫泪,忽傍犀奁见翠翘。

惟有恨,转无聊。五更依旧落花朝。衰杨叶尽丝难尽,冷雨凄风打画桥。(《鹧鸪天》)

悼亡词,古往今来很多词人都写过,其中不乏知名的词作大家,但是,论数量,纳兰容若绝对是名列前茅。

在他的词集中,悼亡词的数量甚是可观,而且时间跨度很大。从康熙十六年卢氏亡故,一直到康熙二十四年纳兰容若病逝,一共八年的时间,悼亡词洋洋洒洒几十首。

丧妻的伤痛,成为纳兰容若心中一道永远无法愈合的伤口,直到他逝世。

伤心人别有怀抱，用来形容如今的纳兰容若，再贴切不过。

本来寻常的事物，在现在的纳兰容若眼中看去，却都透着悲伤的意味，带着凄凉。

卢氏亡故之后，她以前喜欢待的房间，就成了纳兰容若不愿涉足的禁区。

只怕触物伤情。

这天夜里，纳兰容若本该回到自己的房间，竟来到这个房间的门前。

房门紧闭着，并未上锁，轻轻一推，便"吱呀"一声缓缓打开了。

纳兰容若缓步走了进去。

这是一间小巧且精致的房间，透过窗户能看到花园，把院子里的美景尽收眼底。

以前，卢氏最喜欢在这房间内待着，看看书，做做针线活，消磨时光，如今，屋内一切布置都还和当初一模一样，却已物是人非。

屋内昏暗，并未点灯，纳兰容若点燃了桌上的半支蜡烛，举着烛台，缓缓地打量着这间屋子。

低垂的幕帘上，落满了灰尘，被风轻轻吹起，灰尘便缓缓地飘了起来。

那层层的纱幕飘动，仿佛卢氏的倩影就在纱帘之后，还等待着丈夫的到来。

纳兰容若定睛看去，空荡的房间，哪有爱妻的身影？

想到昔日的恩爱，心中甚痛。

一回头，见到那精巧的镜台上，犀牛角做成的镜匣中，卢氏的翠翘簪子还安静地在那儿，就像是在等待着主人再一次把它插在乌黑的秀发之上。

窗外，隐隐传来打更的梆子声。

原来已经这么晚了。

纳兰容若缓步走到窗前，低头看去，不知什么时候，夜空中又无声地洒下了细雨，有些雨滴被风吹进屋内，窗前的书案打湿了一片。

今夜，正是十月初四吧？

明天……明天就是卢氏的生日了，如果她还在……

如果她还活着的话，明天，将会是个多么欢乐的日子啊！

但是，如今一切都成了空。

只有这凄风冷雨，陪着自己度过一个又一个寂寞的夜。

此恨何时已。滴空阶、寒更雨歇，葬花天气。三载悠悠魂梦杳，是梦久应醒矣。料也觉、人间无味。不及夜台尘土隔，冷清清、一片埋愁地。钗钿约，竟抛弃。

重泉若有双鱼寄。好知他、年来苦乐，与谁相倚。我自终宵成转侧，忍听湘弦重理。待结个、他生知己。还怕两人俱薄命，再缘悭、剩月零风里。清泪尽，纸灰起。（《金缕曲·亡妇忌日有感》）

这首《金缕曲》，有个副标题叫作"亡妇忌日有感"。

六个字，明显地点出了这首词的主题。

康熙十七年的五月三十日。

对其他人来说，这一天，不过是普普通通的一天，和昨天、前天，没有什么不同。

可是对纳兰容若来说，这一天，去年的这一天，却是一个噩梦般的日子。

当下人惊慌失措地来报知噩耗时，纳兰容若简直不敢相信自己的耳朵，急忙赶去，映入眼帘的，除了周围人惊慌与悲伤的表情之外，便是静静躺在床榻之上，面色苍白、毫无血色的妻子卢氏。

她已经虚弱得说不出话来。

纳兰容若握住了她的双手，那纤巧的手掌，曾经那么的温暖，如今，竟变得如此冰冷，冷得就像寒冬的雪一般。

见到丈夫，卢氏张了张口，却发不出声音来。

她连说话的力气都没有了，连张开嘴巴，都像是用尽了浑身的力气，素来温柔的双眼，如今却满是恋恋不舍，还有不甘心，看看一旁颜氏怀中刚刚出生的海亮，她的目光便落到纳兰容若脸上。

四目相对，千言万语，不须再说出口。

她是多么舍不得自己刚刚出生的孩子，是多么舍不得自己心爱的丈夫，还有那些温柔的家人，可是老天已经不再给她继续下去的机会，要残酷地夺去她孱弱的生命，从此与自己心爱的人永隔幽冥。

这个时候，卢氏的心中，肯定满是不甘与愤恨。

她才刚刚产下爱人的孩子，她还未来得及抚养孩子长大。她甚至还未来得及与丈夫说上最后一句话，就永远地闭上了双眼，带着满腹的遗憾，撒手而去。

她已经听不到四周传来的哭声了。

更感觉不到丈夫的眼泪一滴滴地落在她的脸颊上，滚烫得仿佛要把肌肤灼伤。

男儿有泪不轻弹，只因未到伤心处。

可如今，心爱的人就在自己眼前逝去，此情此景，若不算伤心处，还有什么才算呢？

紧紧握着卢氏软绵绵的手，纳兰容若哭得好似一个泪人。

就在这一刻，他突然发觉了自己有多么无能为力。

不管你是豪门公子，还是平民百姓，在死神的面前，一样平等，谁也无法挽回那已经逝去的生命。

也是在这一刻，他突然发觉，原来痛彻心扉，竟是如此钻心刺骨。

如今，又是一年。

又到了那个噩梦般的日子。

这一天，正是卢氏的忌日。

老天爷好像也在惋惜卢氏的年少过世，从一大早开始，天空中就淅淅沥沥地飘下了小雨。

卢氏的灵柩才从双林禅院葬到祖坟不久，坟土还是新的，再加上有看管人的细心打扫，颇为整洁。

这也好，卢氏向来爱洁，不是吗？

寻常人家扫墓，备下的，无非是些供果酒水之类。

但纳兰容若不一样，他给卢氏准备的，并非寻常可见的时鲜水果、蜜酒之类，而是自己在这一年之中，所写的悼亡词。

那是给卢氏的，独一无二的祭礼。

他一张一张，缓缓地烧给卢氏，纸灰被冷风吹得飞扬起来，打着旋儿，然后就缓缓飘散了。

看着飘远的纸灰，纳兰容若不禁这样告诉自己。

亡妻定是收到自己的心意了吧？

她……一个人在底下，可寂寞？可清冷？

海亮长得很好，健健康康，颜氏待他犹如自己亲生一般，照顾得无微不至。富格也俨然有了哥哥的感觉，很疼爱这个弟弟。你该放心了吧？

生与死的界限，往往只有那么一小步，代表的，却是永无止境的距离，咫尺天涯。

第五节　续弦

一种蛾眉，下弦不似初弦好。庾郎未老，何事伤心早？

素壁斜辉，竹影横窗扫。空房悄，乌啼欲晓，又下西楼了。（《点绛唇》）

康熙十九年，纳兰容若二十六岁。

他是明珠的长子，叶赫那拉家族的继承人，传宗接代是他必须承担的责任，父母一再提议他续弦，纳兰容若推辞了三年，如今，已经再没了推脱的借口。

在家人的操办下，纳兰容若续娶了官氏。

如果说卢氏是出身"名门"，那么官氏便是出身"豪门"。官氏是图赖的孙女，是满族八大贵族之一的瓜尔佳氏的后人。

图赖是清初名将，击败过李自成麾下大将刘宗敏，在扬州斩杀了史可法，擒了福王朱由崧。官氏的父亲费英东，也是清朝的开国元勋，努尔哈赤最为倚重的五位大臣之一。

出生在这样可以说是"世代簪缨"的大贵族家里，官氏是真真正正的豪门之女，尊贵显赫，与纳兰容若称得上门当户对。

她嫁进了这座当朝最显赫的权臣府邸，嫁给了如今最知名的才子，在世人的眼中，本来就身为天之骄女的她，如今更是幸运得连老天爷都忍不住嫉妒她。

但是，集全天下幸运于一身的官氏，在大婚之后，却茫然了。

自己新婚丈夫的心思，始终停留在那早已逝去的卢氏身上……

官氏出身贵族豪门，想必也是受过良好教养的女孩儿，但毕竟是将门虎女，只怕还有着几分的霸气。总而言之，我们可以猜想得出来，她与卢氏应该是截然不同的两种类型，并不像卢氏那样温柔贤惠。

很难说这样的女子，纳兰容若究竟有没有喜欢过她。

不过我们可以确定的是，纳兰容若与官氏之间，没有他与卢氏之间的那种刻骨铭心的爱情。

甚至很有可能，两人之间的夫妻关系，并不十分融洽。

纳兰容若写过一首《点绛唇》，其中有这么两句："一种蛾眉，下弦不似初弦好。"

在古代的时候，人们都以"续弦"来指代续娶，纳兰容若这首词中的"下弦"与"初弦"两个词，也颇有些意味深长的意思。

在他的这首词里面，"下弦"是不是指官氏呢？而"初弦"，想来就是指已故的前妻卢氏了吧？

在写这首词的时候，他与官氏已经成亲很久了，相互之间有了一定的了解，大概越是相熟，就越是觉得官氏其实并不是自己喜欢的类型……

官氏也并非泼妇，更不是妒妇，事实上，她和其他的女子一样，善良、顺从，一旦嫁了人，就全心全意地对待自己的丈夫。

官氏万万没有想到的是，丈夫的爱情，没有留给她一分。

官氏不是没有努力过。

她也学着像卢氏那样，为丈夫收拾书房，整理书案；在丈夫读书到深夜的时候，体贴地为他送上羹汤，并且对富格、海亮两个孩子，如自己亲生孩子般悉心照料，对妾室颜氏，也从无半分不耐，和气相处。

官氏做到了一个妻子应该做到的一切。

她是那么努力，她想要得到丈夫的爱情，可是，这世间并不是所有的事情，都能够等价交换，付出多少，就能得到多少回报的。

爱情从来不是。

你爱他爱到生死相许，他未必会对你付出真心。而你不爱的人，却恰恰爱你爱到刻骨铭心。

官氏对纳兰容若,纳兰容若对官氏,何尝不是如此?

纳兰容若本是情种,并非情圣。

这也是纳兰容若一直觉得对不起颜氏和官氏的地方。

但是,爱情不是道歉,不是心怀歉意就能拥有。

所以,当初他对卢氏说过多少句"我爱你",如今,便对官氏与颜氏说了多少句"对不起"。

爱情的天平从来不是公正的,我不爱你,并不是因为你比不过对方,而是那千万年之中,没有早一秒,也没有晚一秒,正好与自己四目相对的,是她而已。

其他人,终究错身而过。

官氏出身尊贵,并非颜氏、沈宛所能比的,但是在明珠家族的祖坟中,却并没有官氏的坟墓碑文,颇为蹊跷。如果说颜氏因为是妾室,身份不足以葬入祖坟,但官氏乃是正室,若说没有资格,也不太可能。根据记载,当时见过皂甲屯墓园的人,见院子里有九座坟墓,分别是明珠夫妇、纳兰容若与卢氏夫妇,还有明珠次子揆叙夫妇、三子揆方夫妇及其子永寿,并没有官氏的坟墓,颇令人不解。而且在徐乾学写的《成德墓志铭》的石碑上,刻着的"继室官氏,光禄大夫少保一等公朴尔普女",上面的"朴尔普"三个字被人凿了去,模糊不清。有人考据说可能是因为官氏的家人或者她的父亲犯了罪,所以"因罪讳名",但是根据史书记载,朴尔普并没有获罪,而且到康熙五十年之后才去世,所以,官氏的名字被从墓碑上凿去,并不是因为获罪,倒很有可能是官氏后来已经不属于纳兰家的成员。既然已经不再是明珠家的人,那么自然不能葬入明珠家祖坟。颜氏在纳兰容若死后，就一直抚养孩子长大，终身不嫁，而官氏很有可能因为并没有子女的关系，改嫁了别人，既然改嫁，自然不再算是纳兰容若的夫人，皂甲屯祖坟中没有她的名字与坟墓，也是在情理之中了。

谁翻乐府凄凉曲？风也萧萧，雨也萧萧。瘦尽灯花又一宵。
不知何事萦怀抱，醒也无聊，醉也无聊。梦也何曾到谢桥。
(《采桑子》)

情之一字，似乎是纳兰容若词作中一个永恒不变的主题。

也是他短暂的三十一年生命之中，永恒的、重要的一部分。

人间自是有情痴。他似乎是为情而生，又终究为情而伤的。

谁能说他不多情呢？

但是，在他短暂的人生中，最单纯的初恋给了已经身在皇宫之中的表妹，最真挚最热烈的爱情，给了生死相隔的亡妻卢氏。他无法再给予官氏、颜氏，甚至还有后来的沈宛，那些女子最想要的东西——爱情。纳兰容若已经无法再给予、再付出。

纳兰容若似乎对《采桑子》这个词牌名有着偏爱，填过不少。

就像这一首不知什么时候写下来的词，同样用了这个词牌名。

这首词乍看之下，也颇有点像悼亡词，但是细看之下，却更像是在某一个夜晚，听着窗外不知哪里传来的乐声，纳兰容若心有所感而随手写下了这阕小令。

"谁翻乐府凄凉曲"，夜色中，是哪里传来的乐声呢？听起来是如此凄凉，叫人不忍卒听，风声萧萧，雨声滴滴，凄风冷雨，如今又是这样过了一个夜晚，冷冷清清。

不知什么事情总是在困扰着自己，却怎么也想不明白，于是这日子就越发了无生趣，醒着的时候那么无聊，借酒浇愁，喝醉了为何还是那么无聊呢？

如果躺下来，在梦里是不是就能见到自己心爱的谢婉了？

古时候，称呼所爱的女子为"谢娘"，因而称其居所为"谢家""谢家庭院"或者"谢桥"。在这里，听着窗外那隐隐约约的凄凉乐声，纳兰容若此刻心里浮现的，究竟会是谁的身影呢？

在这首词里面，纳兰容若似乎想要表达的，是一种矛盾的心情，一种说不清、道不明的情愫。

他哪里察觉不到官氏的心情、颜氏的心情，还有沈宛的心意？

但是自己的激情与爱情，早已随着卢氏的亡故而逝去了，如今的自己，就像一潭死水，再也泛不起波澜。也许正因为此，在不知不觉中，他冷落了她们，冷落了原本不该被自己冷落的人……

所以，这首词难得地流露出一些自嘲来，还有自责。

自责着，自己如今的无情。

自嘲的，也是自己当初的多情。

人到情多情转薄，而今真个悔多情。

阑珊玉佩罢霓裳，相对绾红妆。藕丝风送凌波去，又低头、软语商量。一种情深，十分心苦，脉脉背斜阳。

色香空尽转生香，明月小银塘。桃根桃叶终相守，伴殷勤、双宿鸳鸯。菰米漂残，沉云乍黑，同梦寄潇湘。（《一丛花·咏

并蒂莲》）

在纳兰容若的诗词之中，描写花卉的句子实在不少，例如这首描写并蒂莲的《一丛花》。

并蒂莲，顾名思义，一枝上开出两朵莲花来，很少见，历来都被人看作是吉祥的征兆，更被拿来当成夫妻之间的幸福与爱情圆满的象征。

这首词生动地刻画出了并蒂莲的形状与色泽，而且并蒂莲代表着不离不弃，仿佛相互深爱着的恋人一般，心意相通。

"一种情深，十分心苦"，在纳兰容若的笔下，并蒂莲不仅仅是美丽的，还具有吉祥的象征含义，更是他心目中完美爱情的化身。

如果有完美爱情的话，那就应该像这株并蒂莲一样吧？盘绕连接，相依相偎，不离不弃。

但愿人长久，千里共婵娟。

如今回想起来，简简单单的两句话，却已变成了心中不可触及的伤口。

这首词并未表明是悼亡词，但是，我们在读纳兰词的时候，总会不知不觉把它归入悼亡词之中，大概是因为，其中那九转柔肠，那字里行间的凄然与悲伤，与其他悼亡词是一模一样的吧？

不知官氏看到这首词的时候，心中是怎么想的，但是，她肯定知道，很久以前，自己的丈夫还写过一首咏并蒂莲的七绝：

水榭同携唤莫愁，一天凉雨晚来收。

戏将莲菂抛池里，种出花枝是并头。

那七绝中提到的人,在纳兰容若身边的那位,并不是自己,而是卢氏。

也许是两人在开玩笑的时候,说过要在这池子里,抛下莲花的种子,说不定会长出并蒂莲。

纳兰容若在花开之际再填词写并蒂莲,是想告诉卢氏,当初我们种下去的莲花,现在已经真的开出了并蒂莲,但是芳魂渺渺,与自己携手赏花之人,如今却已离去。

物是人非事事休,同样是并蒂莲,在纳兰容若的心中,早已是:"一种情深,十分心苦,脉脉背斜阳。"

第七章

离世 纳兰心事谁人知

"家家争唱纳兰词,纳兰心事几曾知?斑丝廉落谁同在?岑寂名场尔许时。"

康熙二十四年,乙丑。

五月三十日,容若因七日不汗病故,是年三十一岁。

康熙二十四年。

这一年,纳兰容若三十一岁。

正是刚过而立之年的时候,纳兰容若已经从最初的三等侍卫,升到了一等侍卫。

这一年,沈宛离开了,四月的时候,严绳孙也离开京城。

严绳孙请了假,说要南归省亲,其实就是弃官不做,回家乡专心作画了。纳兰容若知道好友去意已决,也并未执意挽留。

当时他们都还认为,即使分别,也总还有再见的一天!

那时所有人都没有想到,纳兰容若的人生,竟会永远地定格在这一年的五月三十日,他亡妻卢氏逝去的那一天。

巧合吗?

也许吧。

很多时候,我们肆无忌惮地挥霍着时间,以为还有机会,哪知却容不得我们再次回头。

第一节　与梁佩兰合作词选

仆少知操觚即爱《花间》致语,以其言情入微,且音调铿锵、自然协律。唐诗非不整齐工丽,然置之红牙银拨间,未免病其版折矣。(《与梁药亭书》)

这一年的春天,梁佩兰从广东南海来到了京城。

起因,是因为接到了纳兰容若的一封信,而那封信,便是中国文学史上很重要的《与梁药亭书》。

梁佩兰是广东的宿儒,字芝五,号药亭,著名的诗人,也擅长书画,当时王士禛、朱彝尊等人对他都十分推崇。

大概也因为此,所以纳兰容若才专门修书给他,邀请梁佩兰北上京城,帮助自己完成心愿。

那便是编撰一部自己最满意的词选集。

这封信,就如纳兰容若的其他作品一样,清新自然,情真意切:

仆少知操觚即爱《花间》致语,以其言情入微,且音调铿锵、自然协律。唐诗非不整齐工丽,然置之红牙银拨间,未免病其版折矣。

从来苦无善选,惟《花间》与《中兴绝妙词》差能蕴藉。自

《草堂词统》诸选出,为世脍炙,然陈陈相因,不意铜仙金掌中竟有尘羹涂饭,而俗人动以当行本色诩之,能不齿冷哉。

近得朱锡鬯《词综》一选,可称善本。闻锡鬯所收词集凡百六十余种,网罗之博、鉴别之精,真不易及。然愚意以为,吾人选书不必务博,专取精诣杰出之彦,尽其所长,使其精神风致涌现于楮墨之间。每选一家,虽多取至十至百无厌,其余诸家,不妨竟以黄茅白苇槩从芟薙青琐绿疏间,粉黛三千然得飞燕玉环,其余颜色如土矣。

天下惟物之尤者,断不可放过耳。江瑶柱入口而复咀嚼,鲍鱼马肝有何味哉。仆意欲有选如北宋之周清真、苏子瞻、晏叔原、张子野、柳耆卿、秦少游、贺方回,南宋之姜尧章、辛幼安、史邦卿、高宾王、程钜夫、陆务观、吴君持、王圣与、张叔夏诸人多取其词,汇为一集,余则取其词之至妙者附之,不必人人有见也。

不知足下乐与我同事否?有暇及此否?处雀喧鸠闹之场而肯为此冷澹生活,亦韵事也。望之。望之。

在信中,纳兰容若这样说道:"我很喜欢《花间词》,因为那些词言情入微、音律铿锵自然。唐诗也不错,但是和《花间词》相比就显得有些刻板了。

"我一直苦恼没有一部好的词选,算下来也只有《花间词》与《中兴绝妙词》要好一些。但是在经过《草堂词选》的各种选本刻印之后,虽然也算是脍炙人口,但却还不够精练,而显得良莠不齐。以至于后来的一些人因为它的影响,而把一些庸俗的作品也当成了好词，未免令人齿寒。

"最近朱彝尊编成了一本《词综》，的确算得上是善本，很不错。我听说他在编写的时候阅读收集了一百六十多种词集，由此可见，朱彝尊的鉴赏能力是很强的。不过我认为，编选词集不一定非得在意数量的多少，只要能选出佳作，数量并不是主要的。所以，只要词作写得好，一位词人也不妨多选上几篇，如果作品不好，那又何必选进去呢？

"当然，那些天底下最美的东西是万万不能放过的。我打算多选北宋的周清真、苏子瞻、晏叔原、张子野、柳耆卿、秦少游、贺方回，南宋的姜尧章、辛幼安、史邦卿、高宾王、程钜夫、陆务观、吴君持、王圣与、张叔夏等的作品。对其他的词人，则只选录他们绝妙的作品就好。

"不知梁先生是否愿意与我一同完成这件事？是不是有这个时间来完成？身处这样浮躁的世界，默默地选编古人的诗词佳作，虽然冷淡了一些，但也算得上是一件雅致的韵事了吧？"

在纳兰容若的眼中，世间并无一本真正合格的词集。世人大多数都缺乏鉴别能力与审美能力，把一些庸俗的作品当成了佳作。

正因为此，纳兰容若动了想要选编一本自己满意的词集的念头来。

从这封信里，我们也可以看出纳兰容若这位天才词人对词的态度。只从作品的优劣好坏出发，着眼作品的质量，而不是去看作者的名气之类的因素。

纳兰容若同时也在信里写道，"仆少知操觚即爱《花间》致语", 他是比较偏好《花间词》的, 而且从他的《侧帽集》《饮水词》中也可以看得出来, 他那些悼亡之词婉约清丽, 颇得《花间词》的精髓, 明显是受其影响。

收到了信, 梁佩兰果然来到了京城, 与纳兰容若见了面, 相谈甚欢。

但是谁也没有想到, 他们还没来得及开始他们的事业, 几个月后, 纳兰容若就因病而死, 一番理想, 终究成了镜中花、水中月。

第二节　最后的诗作

阶前双夜合, 枝叶敷华荣。
疏密共晴雨, 卷舒因晦明。
影随筠箔乱, 香杂水沉生。
对此能销忿, 旋移近小楹。(《夜合花》)

康熙二十四年, 接到纳兰容若书信的梁佩兰, 千里入京。

对于梁佩兰的到来, 纳兰容若是十分惊喜的, 五月二十二日, 他在渌水亭设宴, 邀请的宾客仍是平日的好友, 梁佩兰、顾贞观、朱彝尊、姜宸英、吴雯等人。

这个时候, 已经没有了吴兆骞与严绳孙。

对吴兆骞的逝世、严绳孙的辞官归去, 纳兰容若心中一直是十分怅然的。

如今, 因为梁佩兰的到来, 纳兰容若暂时一扫心中的怅然,在自家的渌水亭，与好友们再度聚会。

和以前相比，渌水亭畔多了两株小小的花树，那是夜合花，纳兰容若记不得是自己什么时候种下的了，不过如今倒是颤巍巍地生长了起来。

夜合花又叫合欢花，在盛夏的时候会开花，花朵是粉红色的，叶子一到晚上就会一对一对地合起来，所以叫作"夜合花"。如今正是花期，众人便以《夜合花》为题，各自赋诗。

纳兰容若也不例外。

他的作品是一首典型的命题诗，还是一如既往地带着纳兰容若内心的忧虑，萦绕不去。

台阶前长出了两株夜合花树，枝头枝繁叶茂，疏密有致。因为昼夜的变化，花朵开合不同，那摇曳的树影倒映在了竹帘之上，芬芳的香气飘了过来，但并不是单纯的花香，中间还混合了沉水香的味道。看着这两株夜合花，心中的怨忿似乎也烟消云散了。

不过当时谁也没有想到，这首《夜合花》，竟成为了纳兰容若的绝笔！

就在这场聚会的第二天，纳兰容若便病倒了，那是一直困扰着他的"寒疾"，整整七天，终于不汗而死。

过世的那天，也正好是卢氏的祭日——五月三十日。

他终于可以不用再挣扎在理想与现实的冲突之间，徒劳地想要发出自己那微弱的呼唤，而是留下了这璀璨夺目的《纳兰词》，从此翩然而去。

第三节　纳兰死因

对于纳兰容若的死因，官方记载向来语焉不详，就是一句"寒疾，不汗而亡"便轻描淡写地略过，后来有学者研究，众说纷纭，但大体可归为以下几种：

寒疾、忧郁自杀、天花说，还有被害说。

"被害"这种说法，据说是出自《李朝实录》，康熙二十八年的时候，朝鲜使臣发回朝鲜国内的一封信。

信上写的，都是这位朝鲜使臣的所见所闻，其中有这么几句"又有成德者，满洲人，阁老明珠之子，自幼文才出群，年才二十擢高第入翰苑为庶吉士。皇帝嫉其才，而杀之。明珠因此致仕而去矣"。

简单地说，就是因为纳兰容若才华出众，康熙皇帝嫉妒了，于是命人暗中害死了他。明珠后来渐渐在仕途上失利，最终被罢相。

说得倒是有板有眼的，但是仔细想一想，逻辑上颇为不通。

首先，此说是不是出自《李朝实录》还有待确认，而且，皇帝因为嫉妒臣子的才华而杀之，确实也有些无稽。

纳兰容若确实是当时公认的天才词人，连康熙皇帝也颇为赞赏他的才学，经常把他带在身边，北上南巡，走遍大江南北，但是，要说是因此就嫉妒纳兰容若的才华，我觉得两者之间是毫无关系的。

一位文人的才学并不能威胁皇帝的宝座,而且正好相反,再有才华的文人,他的命运最终也是掌握在皇帝的手中,就像"奉旨填词"的柳永,何尝不是因为皇帝的一句"且去浅酌低唱,何要浮名"而改变了自己一生的命运呢?

康熙是难得的贤明皇帝,创造了中国最后一个盛世"康乾盛世",而且他与纳兰容若、曹寅乃是少年伙伴,相互之间感情是颇为深厚的,如果说他因为嫉妒纳兰性德的才华,从而命人害死了这位少年时期的好友,怎么都说不通。

至于说明珠后来被罢相,是因为被儿子纳兰容若连累,导致被康熙不待见,就更荒唐了。

明珠后来结党营私,在某种程度上来说,康熙并非不知道,只是默许,因为他要用明珠党来牵制索额图党,维持朝廷势力的平衡,一旦这个平衡被打破,弊大于利,便会着手整顿。何来明珠因为儿子的缘故而仕途急转直下呢?

所以,纳兰容若"被害"这种说法,不过是流言蜚语。

至于说纳兰容若是康熙年间一场失败的外交政策的牺牲品,被迫自杀,就更是无稽之谈了。

纳兰容若到死为止,官职都只是一等侍卫,国家大事,完全没有参与的资格,而且康熙皇帝虽然信任他,但是一直不曾重用他,只是在康熙二十四年的时候,开始隐隐有些要委以重任的苗头,何来"牺牲品"一说?更何况,如果当真是因为纳兰容若在工作上有什么重大的失误,需要用自杀来避免连累家人,那么当时的官家记载也应该会有这个记录才是。而且,纳兰容若乃是明珠之子，多少眼睛盯着，若真的出了需要自杀谢罪的纰漏，难道那些明珠的政敌会放过这么好的机会吗？

还有一种，便是"天花说"。

天花是一种烈性的传染病，在当时医疗条件不发达的情况下，这种疾病是很致命的，据说顺治就是死于此病的。当然，后来民间传说顺治皇帝因为爱妃董鄂之死而毅然放弃了帝位，出家为僧，那毕竟只是小说家言，并没有确凿的证据。而康熙皇帝能够继承皇位，很大一个原因也是因为他幼年时候得过天花，有了免疫力。

从顺治皇帝得痘疹到病亡，病期只有六天，纳兰容若从生病开始，也只有七天的时间，便永远地离开了这个世界。

韩提在《神道碑铭》中这样提过一句："而不幸速病，病七日遂不起。"徐乾学也写过纳兰容若"其葬盖未有日也"。翁叔元写过："康熙二十四年五月晦，己丑，我容若年世兄先生捐馆舍，叔元往哭于其第。既殡，往哭于其位次。越三日再往，阍人辞焉。又十日偕同馆之士五人旅拜于几筵哭如初。又八日，以天子命出殡于郊外。……于輀车之出也，姑为相挽之词以饯之。"

如此一来，便产生了几个疑问。

纳兰容若死后几个月，为什么才请人作铭，很久都没把尸体下葬？为什么要皇帝下令出殡？

这么结合起来一看，说纳兰容若死于天花，也并不是没有道理。

第一，他死得太快，病期只有七天。

第二，根据记载，纳兰容若在生病之后，康熙皇帝十分关心，于是派宫中的御医给纳兰容若诊治,"使中官侍卫及御医日数辈络绎至第诊治。于是上将出关避暑,命以疾增减报,日再三,疾亟,亲处方药赐之,未及进而殁,上为之震悼"。这段话很有些微妙之处。

首先,纳兰容若刚死,康熙皇帝就带着皇子和诸位王爷、大臣们急急忙忙地离开了京城;接着,在途中,四皇子生了场小病,康熙顿时紧张起来,命令他返回京城,看好了病才继续前进。这倒很像是为了躲避什么似的。

难道纳兰容若当真是因为天花而病死的,康熙皇帝担心传染开来,才匆匆忙忙地带着众人离京的吗?再加上当时因为天花而死的人都必须火葬,贵为皇帝的顺治也不能避免,而纳兰容若死后,要皇帝下令出殡,那数月未葬,很有可能是火化的托词。

流传最广的,在官方记录上言之凿凿的,就是"寒疾说"了。

其实从纳兰词中去看纳兰容若的人生轨迹,我们可以发现,纳兰容若那光彩夺目的一生当中,始终潜藏着一个阴影,那便是"寒疾"。

康熙十二年,十九岁的纳兰容若正在准备参加殿试的时候,就因为一场突如其来的寒疾,在病榻之上躺了数月,错过了这场殿试,并且留下了一首七律《幸举礼闱以病未与廷试》:

晓榻茶烟揽鬓丝,万春园里误春期。
谁知江上题名日,虚拟兰成射策时。
紫陌无游非隔面,玉阶有梦镇愁眉。
漳滨强对新红杏,一夜东风感旧知。

诗里满是失意伤感的意味。

寒疾导致他错失了这一次的殿试,而且在他今后的岁月中,也像幽魂一样,不时地出现,让纳兰容若深受其苦。

翠袖凝寒薄,帘衣入夜空。病容扶起月明中。惹得一丝残篆、旧薰笼。

在这首《南歌子》里面,我们可以窥见,纳兰容若深为寒疾所困扰。

每当天寒地冻,这顽固的疾病就会紧紧纠缠住他,使他病容憔悴。

随着日子一天一天地过去,这可恶的"寒疾",就像一团巨大的阴霾,越来越庞大,几乎是随时笼罩在纳兰容若的周围,仿佛一只不祥的蝙蝠,张开了那巨大黝黑的翅膀,狰狞地盯着纳兰容若。

每次生病,寒疾就会困扰纳兰容若很长时间,而且病期越来越长,从寒冬一直到春暖花开。

"人说病宜随月减,恹恹却与春同。"

如果说随着岁月的流逝,病情就会减轻的话,那为什么春天来临了,"我"却还躺在床榻之上。

纳兰容若显然感觉到了,这个一直纠缠着自己的病魔,是如此地顽固,不管是春去秋来,不管是在京城,还是出差在外,这可恶的寒疾仿佛幽灵一般,不时窜出来。

黄昏又听城头角,病起心情恶。药炉初沸短檠青,无那残香半缕恼多情。

曾记年年三月病,而今病向深秋。卢龙风景白人头,药炉烟里,支枕听河流。

"年年"二字,纳兰容若写出这寒疾是如何频繁,几乎每年都会发生一次,而且还不到寒冬腊月,仅仅是在深秋,病魔就再度来临了,这说明因为生病的关系,身体的抵抗力已经大不如前。

康熙二十三年,康熙皇帝第一次南巡,照例,纳兰容若随行在康熙的身旁。也许是因为旅途的劳累,在行至无锡的时候,纳兰容若再度病倒,这一次,病情时好时坏,一直到了次年的春天,才渐渐地有所好转,但是并未痊愈,"可怜暮春候,病中别故人"。虽然医生叮嘱他不要饮酒,但是在五月与梁佩兰、顾贞观、姜宸英等人的聚会中,趁着兴头,纳兰容若还是喝了不少,结果旧病复发,寒疾再度击倒了这位年轻的天才词人。

这一次,一直如影随形在纳兰容若身边的阴霾终于夺走了他年轻的生命。

寒为阴邪,易伤阳气,其性凝滞,这正是纳兰容若长期被"寒疾"所困的原因。

也许是因为出生在冬天,又长期生活在寒冷北方的关系,纳兰容若的身体对于"寒冷"是比较敏感的,这种敏感也表现在了他的诗词之上。

在纳兰容若所作的诗词中,不知是有意还是无意,秋冬的景色出现的次数是最多的,频繁不说,而且凄凉哀婉。

"萧萧几叶风兼雨,离人偏识长更苦。""木落吴江矣,正萧条、西风南雁,碧云千里。落魄江湖还载酒,一种悲凉滋味。""谁念西风独自凉,萧萧黄叶闭疏窗,沉思往事立残阳。""衰草连天无意绪,雁声远向萧关去。不恨天涯行役苦,只恨西风吹梦成今古。""欲寄愁心朔雁边,西风浊酒惨离颜。黄花时节碧云天。""身向云山那畔行,北风吹断马嘶声。深秋远塞若为情。"……

在纳兰容若的词中,描写秋冬的,竟有一百多首,由此可见纳兰容若对于冬寒的敏感,而这,大概也正是他一直深为寒疾所苦的原因之一吧?

纳兰容若既然长期被寒疾所苦,身体上所承受的痛楚也是可想而知。越是频繁地感染风寒,越是饱受疼痛的折磨,长年的病痛之下,自然而然也会影响到精神。"锦样年华水样流,鲛珠迸落更难收。病余常是怯梳头。"这种病痛中孤独又失落的心情,正好切合了他词中贯穿始终的清冷之意。

一直被寒症所苦的人,难免潜意识中也会对秋冬,对一些幽静的事物比较敏感。丧妻之痛、好友的过世与远离,还有对侍卫生涯的厌恶,都开始像毒药一般一点一点地侵蚀着纳兰容若的生命。

"浮名总如水,拚尊前杯酒,一生长醉。"在《瑞鹤仙》一词中,纳兰容若这样写道。

显然,现实已经与他的理想越来越背道而驰。

他一次次地感慨"身世等浮萍,病为愁成"。

常年纠缠着他的寒疾,在纳兰容若自己本身的心绪郁结之下,终于从普普通通的风寒变成了陈年旧疴。

纳兰容若自身的心结未能解开，一年一年的郁结，最终和寒疾一起，成为夺走他短暂生命的祸患之一。

在这个大家都比较认可的纳兰容若死于寒疾的说法之下，其实还有一种比较浪漫的，却也是十分凄凉的观点。

纳兰容若是死于康熙二十四年的五月三十日，而他的妻子卢氏也正是死于五月三十日。

同月同日逝世，这便为纳兰容若的逝世，带上了一丝儿微妙的感觉。

我们形容纳兰容若，经常用的词语之中，有一个便是"情深不寿"。

倒也有点道理。

生命中的这几位女子，只有卢氏，才是他一直最深爱的人，即使到死，也从不曾改变过自己的心意。

纳兰词之中，公认成就最高的，是他写给亡妻的悼亡词，而数量，达到五十首之多。

古往今来，悼亡词并不乏大师的作品，但很多只是一两首，表达了对逝去恋人的怀念之后，就依旧故我，随着时间流逝而渐渐淡了感情，只有纳兰容若，自始至终，对卢氏的感情都没有改变过。

红颜薄命，留给纳兰容若的，只有无尽的思念与悲伤。

爱情上的重大打击，还有成为康熙侍卫之后，亲眼目睹了官场内的相互倾轧、尔虞我诈，种种的现实，都让纳兰容若越来越心灰意冷。

所有的天才都是忧郁的。

纳兰容若正是天才，他的抑郁，也是众人所见的。

爱情、现实的双重打击，让纳兰容若屡遭不幸，在他的诗词之中也有着很明显的体现，抑郁不欢，他的逝世与卢氏是同一天，如今看来，也很有些意味深长。

如果不是巧合，那么，很有可能纳兰容若是专门选择了这一天，也就是说，他的死亡，说不定含有自杀的成分。

用我们如今的科学眼光看来，纳兰容若也许患有抑郁症。

当然，说纳兰容若是因为抑郁症而殉情，并无确凿的证据，而从他好友徐倬的两首诗里面，隐隐约约可以看出一丝影子来。

第一首，是《成容若同年以咏合欢树索余和》：

青棠细缬映晴莎，韩重相思未足多。

花似鄂君堆绣被，叶同秦女卷轻罗。

树犹如此能堪否，天若有情奈老何。

定织云中并命鸟，深宵接翼宿琼柯。

另外一首，徐倬写完了还未来得及寄给纳兰容若，对方便已经离开了人世，于是，徐倬的第二首诗，便用了和前面一首一模一样的韵脚，以表达自己对纳兰容若的悼念之情。

玉树长埋在绿莎，玉楼高处恨争多。

文章于世犹尘土，才调惟天恣网罗。

气夺千秋轻绛灌，诗传五字接阴何。

晓风残月招魂去，只恐难寻梦里柯。

其中的"深宵接翼宿琼柯"，还有"气夺千秋轻绛灌，诗传五字接阴何""晓风残月招魂去,只恐难寻梦里柯"的句子,徐倬隐隐流露出自己的不安。

作为纳兰容若的好友,他是不是已经隐隐地猜到了纳兰容若死亡的真相呢?

纳兰容若的去世,是十分突然的,包括亲人在内,都认为是和以前一样,是普通的寒疾。

根据《康熙起居注》的记载,康熙二十四年乙丑五月三十日,明珠尚在朝堂以折本请旨。

如果之前纳兰容若就已经病到垂危,以明珠之爱子心切,还会有心思去上朝吗?可见,当时明珠完全没有意识到,就在这一天,他会白发人送黑发人,爱子纳兰容若会永远地离开自己。

就在纳兰容若过世的这一年秋天,沈宛生下了他的遗腹子富森。

第二年,也就是康熙二十五年,纳兰容若葬在了叶赫那拉氏的祖坟所在的皂甲屯,与妻子卢氏葬于一处。

纳兰容若的生前好友们,纷纷撰写悼文,怀念这位天才的词人。

呜呼!始容若之丧,而余哭之恸也。今其弃余也数月矣。余每一念至,未尝不悲来填膺也。呜呼!岂直师友之情乎哉。余阅世将老矣,从我游者亦众矣,如容若之天姿之纯粹、识见之高明、学问之淹通、才力之强敏,殆未有过之者也。天不假之年,余固抱丧予之痛,而闻其丧者,识与不识,皆哀而出涕也,又何以得此于人哉!太傅公失其爱子,至今每退朝,望子舍必哭,哭已,皇皇焉如冀其复者，亦岂寻常父子之情也。至尊每为太傅劝节哀，太傅愈益悲不自胜。余闲过相慰，则执余手而泣曰：惟君知我子，惠邀君言以掩诸幽，使我子虽死犹生也。余戛忍以不文为辞。

徐乾学乃是纳兰容若的老师，两人关系一直很好，在纳兰容若亡故之后，徐乾学便写了这篇《通议大夫一等侍卫进士纳兰君墓志铭》，第一句，就写出了他为纳兰容若的过世感到十分的伤痛。

纳兰容若的天才，世人公认，徐乾学也毫不吝啬自己的赞美，称赞纳兰容若"天资纯粹、识见高明、学问淹通、才力强敏"，是他所见过最具有天分的人，只可惜天不假年，如此杰出的人才却英年早逝，不得不说是遗憾。而明珠痛失爱子，悲伤不已，每每退朝回到家中，看到儿子那空荡荡的房间，睹物思人，都会忍不住痛哭，哀叹儿子的逝去，父子深情，感人肺腑，闻者无不落泪。有人安慰明珠节哀，明珠却更加哀伤。徐乾学自然也去安慰过明珠，明珠握着他的手含泪说："只有您是最明白我的儿子的，希望能请您来为他写这篇墓志铭。"

徐乾学自是这么做了，而写了悼文的，也并不只徐乾学一人，当时的名士都纷纷表达了自己对纳兰容若英年早逝的哀悼之意。

徐乾学不但写了这篇《墓志铭》，还写了《神道碑文》，另外还有韩菼的《神道碑铭》、姜宸英的《通议大夫一等侍卫进士纳兰君墓表》，以及顾贞观的《行状》、董讷的《诔词》、张玉书等人撰写的《哀词》、严绳孙等人写的《祭文》，等等。

"家家争唱纳兰词，纳兰心事几曾知？"

康熙三十四年的时候，当远在江宁的曹寅回想起自己的好友之时，曾经感慨万千。

如今纳兰词早已名满天下，人人都在吟唱着优美的纳兰词，争相传颂着"一生一代一双人""人生若只如初见"的时候，又有谁能真正了解纳兰容若的内心呢？

家家争唱纳兰词，纳兰心事几曾知？斑丝廊落谁同在？岑寂名场尔许时。

曹寅自己现在已经是白发苍苍，空寂寂寞，回想起昔日的好友纳兰容若，如何能够不叹息世事的无常？

纳兰容若已经远去，以他短暂的三十一年的岁月，留下了璀璨的华丽诗篇，仿佛最后一段清丽的传奇，在天际划过，燃烧出绚丽的痕迹。

"家家争唱纳兰词"，正如当年柳永"有井水处，皆唱柳永词"一般，对一位天生的词人来说，俨然是最好的荣耀。

也足以安慰纳兰容若那绝世的才华。

千年之前，柳永的"忍把浮名，换了浅酌低唱"，在千年之后，化为纳兰容若的一句"别有根芽，不是人间富贵花"。

恰好，也正好。

当生就富贵命，却不屑权贵、不喜浮名，"身在高门广厦，常有山泽鱼鸟之思"，这样的人，当真不是人间富贵花。

王谢堂前燕何去？当上苍早早地召回了自己的宠儿，唯有词人留下的不朽华章，代代流传。

纳兰容若词作赏析

临江仙

点滴芭蕉心欲碎,声声催忆当初。欲眠还展旧时书。鸳鸯小字[一],犹记手生疏[二]。

倦眼乍低缃帙乱[三],重看一半模糊。幽窗冷雨一灯孤。料应情尽,还道有情无。

心欲碎,不知是芭蕉心碎,还是纳兰心碎。"早也潇潇,晚也潇潇",古往今来的诗词中,芭蕉似乎总喜欢同雨相伴出现。雨滴芭蕉,入梦,美酒半酣有唐汪遵心恋江湖;入画,王摩诘《雪打芭蕉》令人忘却寒暑,白石老人大叶泼墨酣畅淋漓;入乐声,《雨打芭蕉》淅淅沥沥,似雨滴蕉叶比兴唱和,急雨嘈嘈,私语切切,诉尽人间相思意。

至于这芭蕉心,正如易安所言,"舒卷有余情"。禅语云"修行如剥芭蕉",如果我们的心已被世间种种欲念所裹,那么修行便是将层层伪装脱去,"觅心"即找回纯真的自我,"明心"则是彻悟尘世的一切杂念,方可见性。

纳兰心中,芭蕉心在其不展吧?因其不展,枝枝叶叶才藏得住纳兰梦萦半生的回忆,层层叠叠容得下纳兰多愁又敏感的心。其实何止善感的纳兰,"此夜芭蕉雨,何人枕上闻",纵是梅妻鹤子的林逋也难掩芭蕉雨下那些撩人的情思。

"忆当初",短短三字便如一把利剑斩断今生。今生已作永隔,窗外雨声风声入耳,曾有多少夜晚流逝于情意缱绻的呢喃?未来又将有多少不眠的孤夜,唯有旧忆聊以回味。所幸,过去的日子并未消逝于流年,在那发黄的红笺之上仍可略窥一二。

"鸳鸯小字,犹记手生疏",怕是纳兰也在怀念把笔浅笑的她吧。此语原出王次回《湘灵》:

戏仿曹娥把笔初,描花手法未生疏。

沉吟欲作鸳鸯字,羞被郎窥不肯书。

纳兰与这位明末的才子是颇有渊源的。王次回出身金坛望族、仕宦之家,他的女儿王朗也是著名的词人。与他的祖上相比,王次回的仕途之路颇不顺,一生不得志,仅在晚年做了松江府华亭县训导,不过是个无名无实的小官。然而他的作品上承李义山,下启清初词坛,对近代的鸳鸯蝴蝶派也颇有影响。纳兰诗词中常见王次回《凝雨集》的影踪,可又有多少人知道,王次回也如纳兰一般,爱妻早丧,不过凉薄人世一孤伶人。若可同世而立,纳兰与次回或许也能成惺惺知己吧。

当年的娇俏语长萦耳畔,那副欲语还休的羞涩模样犹在心头,鸳鸯小字里,似可见这位解语花的身姿若隐若现。然而,以为是一生一世的一双人,所托竟几页满蘸相思意的旧时书。南宋蔡伸曾慨叹,"看尽旧时书,洒尽今生泪"。蔡伸是书法家蔡襄之孙,官至左中大夫,名门之后,位高权重又如何?三更夜,霜满窗,月照鸳鸯被,孤人和衣睡。

旧时书一页页翻过,过去的岁月一寸寸在心头回放。缃帙乱,似纳兰的碎心散落冷雨中,再看时已泪眼婆娑。"胭脂泪,留人醉",就让眼前这一半清醒一半迷蒙交错,梦中或有那人相偎。

又是一窗冷雨,纳兰看到了半世浮萍随水而逝,如记忆中挥之不去的她,"一宵冷雨葬名花"。还是纳兰身边这盏灯,只是不再高烛红妆,唯有寒月残照,灯影三人。太白对孤灯空长叹,"美人如花隔云端"。故人入梦,又渐行渐远,"是邪?非邪?立而望之,偏何姗姗来迟"。汉武帝为李夫人招魂,灯影明灭处,留得千古一帝不得见的叹息。

罢了,一梦似千年,从来是"人生长恨水长东"。刘禹锡一句"东边日出西边雨",留多少痴念在人间。已道无情,而情至深处难自已。这般深情厚意,在纳兰心中恐怕已不是简单的有情,而是人生难得的知心人。如果说情是前生五百次的回眸,爱是百年修得之缘,那么知心便是三生石畔日日心血的倾注。

纳兰笃定不念今生,料想今生情已尽,一心待来生,愿来生再续未了缘,可有来生?

注释

①鸳鸯小字:指相思爱恋的文辞。《全元散曲·水仙子·冬》:"意悬悬诉不尽相思,谩写下鸳鸯字,空吟就花月词,凭何人付与娇姿。"
②生疏:不熟练。
③缃(xiāng)帙(zhì):浅黄色书套。亦泛指书籍、书卷。

采桑子

拨灯书尽红笺也[一]，依旧无聊。玉漏迢迢[二]，梦里寒花隔玉萧。

几竿修竹三更雨，叶叶萧萧。分付秋潮，莫误双鱼到谢桥。

　　在灯下给她写信，即使写满了信纸仍是意犹未尽，心里依旧惆怅无聊。偏又漏声迢迢相伴，不但添加愁绪，而且令人如醉如痴，仿佛在梦中与她相见，却又朦朦胧胧不甚分明。室外秋雨敲竹，滴在树叶上，点点声声，淅淅沥沥，将这孤独寂寞的苦情都付与此时的秋声秋雨中，不要忘了将书信寄给她才好。

　　世界之大，悠悠众生，能够有一个远方的人，付诸思念，也是幸福的事情吧。在昏黄的灯光下，将满腹的思念都填于纸上，让飞鸿送去，我们天各一方，"我"对你无尽地想念。这种悲伤无望，却又充满想象的爱情，看似无聊，但却是持久永恒的。

　　纳兰将一首小词写得情谊融融，求而不得的爱情让他感到为难与痛苦时，也令他心中充盈着忽明忽暗的希望。

　　这首《采桑子》，一开篇便是无聊，写过信后，依旧无聊，虽然词中并未提及信的内容，信是写给谁的，但从"依旧无聊"

这四个字中,就已经可以猜到一二了。纳兰总是有这样的本事,看似在自说自话,讲着不着边际的胡话,却总能营造出引人入胜的氛围,令读词的人不知不觉地沉沦。

纳兰将自己日常生活中的小事变为一台表演,读者成为了观众,与他一起沉思爱恋。词中的"红笺"二字透露出纳兰所记挂的人定是一名令他着迷的女子,红笺是美女亲手制作,专门用来让文人雅客们吟诗作对用的。

不过,诗词中红笺多是用来指相思之情,只要写出红笺,一切便都在不言之中了。下接一句"玉漏迢迢,梦里寒花隔玉箫",引自秦少游的词句"玉漏迢迢尽,银河淡淡横"。漏是古时候计时的一种器具,不过用到古诗词中,为了美观,常被叫作玉漏、银漏、春漏、寒漏,等等。

诗词中,"漏"一向是寂寥、落寞、时间漫长的意象,在这里也不例外。以"玉漏"表达长夜漫漫、时空横亘的无奈之情,时间是相思最大的敌人。纳兰大概在这首词中是想表达自己爱着一个人,却无法接近。在接下来一句"梦里寒花隔玉箫"中,揭晓了纳兰感慨时光的缘由。

"玉箫"并非是指乐器,而是一个典故,是一个人名,宋词里有"算玉箫、犹逢韦郎",玉箫和韦郎并称,讲的是一段郎情妾意的凄美爱情。玉箫是唐代韦皋的侍女,二人日久生情,定下终生。后来韦皋因事离开,和玉箫约定:少则五年,多则七年,一定会回来将玉箫接走,却没料到他一走之后便杳无音信。苦等了七年的玉箫想着情郎是不会回来了,便绝食而死,为这段无疾而终的情感殉葬。旁人可怜这个女子，便将韦皋留下的玉指环戴在了玉箫的中指上，然后下葬。在玉箫死后不久，当了大官的韦皋回来了，看到玉箫的坟墓，他十分悲痛。其情感动了一位方士，施法术让玉箫的魂魄重新投胎，二十年后，一名女子来找韦皋，看她的中指，隐隐有一个环形的凸起，正是当年那个玉指环的形状。这名女子便做了韦皋的侍妾，弥补了上辈子的遗憾。

这个故事从此也令"玉箫"这个词成为了情人誓言的典故，在纳兰这首词里，"玉箫"一词为心头所思念的情人。而"寒花"又为何物？

顾名思义，就是寒冷季里开放的花。寒冷季节开放的花有梅花、菊花，纳兰在这里到底是指什么呢？其实根据上面的分析已经可以知晓，纳兰是在思念一位女子，这女子必然是他所钟爱的人，此刻他们分隔两地，纳兰在梦中想要与她相见，但梦境毕竟不是现实，所以，就算再怎么思念，二人还是无法牵手相望。

所以，纳兰所谓的"寒花"大概也不过是借了一个"寒"字，来表达内心凄冷的感觉吧？下片不再写心情，转而写窗外的景色，既然无法入睡，那干脆看着外面的景色，来缓解内心的惆怅吧！

"几竿修竹三更雨，叶叶萧萧"，雨后的夜景，树木萧萧，好比自己的心情，无奈之中透着几分茫然。最后结尾"分付秋潮，莫误双鱼到谢桥"，呼应了开篇的那一句"拨灯书尽红笺也"，也算是一种心意的表达，希望能够凡事完满结束。

要交代一下的是，"分付秋潮"中的"秋潮"是有来历的，秋潮的意象表示：有信。潮水涨落是有一定时间和规律的。人们便将潮水涨落的时间定为约定之期限,在潮水涨落几番之后,要回来的人便要如约回归。

这是诗词中的一个主要意象,诸如唐诗名句"早知潮有信,嫁与弄潮儿"。"秋潮"在这里也是如此意境。上片一开始便是说词人正在写信,在词的结尾,词人写的这句"分付秋潮,莫误双鱼到谢桥",便是说信要寄出去了。要将信托付给秋潮,告诉那个收信的人,自己的心意是怎样的。

整首词全是词人的比喻和典故,基本上没有真实场景的出现,但通读全词,每一句都是浑然天成,与下一句连接得十分巧妙。一首爱情小词能够写到如此的境界,纳兰的手笔,不愧为才子之法。

注释

① 红笺(jiān):红色笺纸,多用以题写诗词或做名片等。
② 玉漏:古代计时漏壶的美称。

忆江南

昏鸦尽[一],小立恨因谁?急雪乍翻香阁絮[二],轻风吹到胆瓶梅[三]。心字已成灰[四]。

彤云密布的冬日黄昏,隐约一只瘦小的乌鸦,越飞越远,身影也越来越小,直到融进那一望无垠、萧瑟的旷野尽头。旷野中,是谁惆怅无尽,若有所思?天宇间,是谁独立寒秋,无言有思?又何事令她难更思量?又何人令她爱恨交加?罢了罢了,"往事休堪惆怅,前欢休要思量",罢了罢了,"人心情绪自无端,莫思量,休退悔"。

熏香如心,飘起袅袅的青烟,暖香熏透她的闺阁;急雪翻飞,缕缕纷纷,像风吹柳絮般地飘飞而起。雪白色的胆瓶中刚插上的梅花,冬风吹进暖暖的闺房,化作清风,卷起阵阵幽香。这本闲极雅极的适意景致,奈何她的心中竟如何也卷不起一丝快乐的涟漪。冬风越发强劲,心形的盘香燃烧殆尽,地上只留下一道心形的香灰。周体转凉,心中凄凉寂寞,次第已如燃尽的熏香一般,化成死灰。

这首词营造了两种不同而又互相联系的场景。"昏鸦尽，小立恨因谁"，是第一个场景；"急雪乍翻香阁絮，轻风吹到胆瓶梅。心字已成灰"，是第二个场景。前一个场景是在冬天黄昏的野外，从意象上看，"昏鸦尽"和情感主体"小立恨因谁"都能够看出来。第二个场景则在少女的闺房中，也可从意象上看出来，如天气情况是"急雪"，所在地方是"香阁"，感觉上为"轻风吹到胆瓶梅"。当然，情感上也有明显变化，且与环境的变化一致。开始是"小立恨因谁"，后来变为"心字已成灰"，明显感觉情感在承接前面的同时，变得深多了。回头来看，从旷野到香阁，从大环境到小空间，从"小立恨因谁"到"心字已成灰"，在各个层面都能看到这一变化。而这中间也有一个转变的标志，就是"急雪乍翻"，这交代了词中情感变化的时空转换的交点。前面或许是"秋凉"罢了，而后面明显可以感觉到"凄冷"的环境氛围。

诗词中有种不成文的划分，便是依据字数多少进行划分。长篇且不必多说，即便是一篇名篇，也未必不允许其中有些败笔赘言。但是所谓的"短篇""小制"就不行了，若是名篇，是绝不会允许有败笔赘言的，不仅仅是败笔赘言，就算平庸的句子也是不允许的，因为这样一来，就浪费了诗歌给人营造惊奇的"可能性"。诗歌给人以好的感觉，是离不开这种"可能性"的。这首《忆江南》字数极少，是小令中的单调，在诸多词牌名中，也是字数最少之一。这一词牌写得好的，如温庭筠的"梳洗罢，独倚望江楼。过尽千帆皆不是，斜晖脉脉水悠悠，肠断白蘋洲"。用字上讲求自然少造作，无赘言败笔。

纳兰这首词中"心字已成灰"巧妙而自然地用了双关的修辞手法。一方面在意象上指的是心形的熏香燃烧完后，在地面上留下的心形的灰烬；另一方面又可以来指词中人物情感上的"心如死灰"。在黄天骥的《纳兰性德和他的词》中，他说这首词"语带双关，耐人寻味，但情调过于灰暗"，似乎觉得不合先贤的"哀而不伤"，可这样真挚的情感表现方式，也正是纳兰的词令人感动的根本。

事实上这里还透露了词人的另一重心境。纳兰出身贵胄，然而他自己受到十分鲜明的汉族文化的熏陶，具有极强的归隐意识，这在他内心一直存在。他自己是帝王身边的一等侍卫，父亲是当朝宰相。这些高贵的身份几乎就是被命运安排的，不可更改。一方面有遁世淡薄，另一方面身在朝阙，处在与自己性格极为不协调的名利中，内心的痛苦与努力的挣扎是多么惨烈。纳兰一语双关的"心字已成灰"一语，是对他所描绘的女子情感的完结，也无意中透露出了自己的心态。

注释

①昏鸦：黄昏时天空飞过的乌鸦群。
②香阁：古代年轻女子居住的内室。
③胆瓶：长颈大腹的花瓶，因形如悬胆而得名。
④心字：即心字香，一种炉香名。明杨慎《词品·心字香》："范石湖《骖鸾录》云：'番禺人作心字香，用素馨茉莉半开者着净器中，以沉香薄劈层层相间，密封之，日一易，不待花萎，花过香成。'所谓心字香者，以香末萦篆成心字也。"

诉衷情

冷落绣衾谁与伴？倚香篝[一]。春睡起，斜日照梳头。欲写两眉愁，休休[二]。远山残翠收[四]，莫登楼。

"冷落绣衾谁与伴？"首句发问其实也是设问，自问自答。因无人相伴，看那绣衾衣裳，就算华美艳丽，也只让人觉得了无思绪，因为无人相伴，此情此景自然易解了。后两句："倚香篝。春睡起，斜日照梳头。"香篝本是古代室内焚香所用的熏笼。一般来说，古代官宦人家，或者大家闺秀闺房中才燃此香笼，因此，"倚香篝"则再次点到此女子的身份。"春睡起，斜日照梳头"则点明时间，初日迟迟，已经倾斜到满屋子，"睡起晚梳头"，毫无心绪，一副慵懒的形象跃然纸上。如果在此处还描写到女子动态特征呈现慵懒姿态的话，"欲写"二句则把这种慵懒之态又向前推进一步，说那女子本想画眉，却看到自己双眉愁锁，算了，还是不描了，描给谁看呢？"休休"则是这种心语的集中体现。

可想此场景：春日迟迟，少妇因幽枝独依，显得百无聊赖，则赖床度日，迟睡晚起，斜阳已至，更算是薄暮，因此无心打扮，只有深锁愁眉,无奈中更不知怎么排遣寂寞之念。因此想起温词倚楼断肠之句,更不敢登楼了。

自然,此处"远山残翠收"是实景虚写之笔。也由此可以看出,景色已经极熟悉,不必登楼就已知晓,想那断肠处自然是不宜多去的。

这首词纳兰承袭花间词风,因为他温文尔雅,少年风流而又擅长小令,此种词类自是写法娴熟,笔墨点至,形象刻画往往呼之欲出,细腻生动。但比之温飞卿《望江南》则有不足之处。

想来,温飞卿此词中摘取瞬间和纳兰自有时间延续上的联系,但温飞卿词则更契合情感最浓郁的部分,那登高望远思人之境,自然是描写此种风情形象的绝时。虽都是斜晖残翠,纳兰自然无所突破,况温飞卿断肠句一出,已经极其简洁而深刻地写尽了人物内心,纳兰描写的思妇心理之笔却不如这一个词力量深厚。而花间词集更写尽了思妇孤独伤春念远之情。

总之,纳兰为清词人,写思妇自然与自身之境相连。若非如此,则不过是磨炼前人之笔,亦无创新罢了。

注释

① 香篝:古代室内焚香所用的熏笼。
② "欲写"二句:意思是本来想要画眉,然而却双眉愁锁,算了还是不画了。休休,不要、不用,表示禁止或劝阻。
③ "远山"句:意为远处山峦的翠色消散了。收,消失、消散。

如梦令

木叶纷纷归路,残月晓风何处。消息半浮沉,今夜相思几许。秋雨,秋雨,一半西风吹去①。

天已经凉了,秋风吹落一树的黄叶,纷纷扬扬,如漫天蝴蝶纷飞,归来的道路上,铺了厚厚的一层落叶。一层秋意一层凉,晓风残月人独立,今昔又是独对孤影而酌,难料此身何在,所爱又何在?生涯凄苦,人也沉浮,飘零如萍,今夜有多少相思呢?又一场秋雨凉风,天也一日日地冷,心也一日日地凉。过往的一切,相思、伤感、红花、绿叶,都纷纷被这西风吹去了,心中若有所失,难以释怀。

这首词写的是相思之情,词人踏在铺满落叶的归路上,想到曾经与所思一道偕行,散步在这条充满回忆的道路上,然而如今却只有无尽的怀念,心中充满惆怅。暮雨潇潇,秋风乍起,"秋风秋雨愁煞人",吹得去这般情思么?这首词写得细致清新,委婉自然。委婉自然外,还有一个特点,纳兰的词最常用到的字是"愁",最常表现的情感也是"愁",正如梁羽生说的,"纳兰容若的词中，'愁'字用得最多，几乎十首中有七八首都有个'愁'字。可是他每一句中的'愁'字，都有一种新鲜的意境，随手拈几句来说，如：'是一般心事，两样愁情''几为愁多翻自笑''倚栏无绪不能愁''唱罢秋坟愁未歇''一种烟波各自愁''天将愁味酿多情''将愁不去，秋色行难住'，或写远方的怀念，或写幽冥的哀悼，或以景入情，或因愁寄意，都是各个不同，而且有新鲜的联想。"这一首就情感来说，是一贯的，然而在写法上却没有用一个"愁"字，这和他一贯多用"愁"字很不相同。那这首词是如何表现"愁"的呢？范成大有词《鹧鸪天》：

休舞银貂小契丹，满堂宾客尽关山。从今嬝嬝盈盈处，谁复端端正正看。

模泪易，写愁难。潇湘江上竹枝斑。碧云日暮无书寄，寥落烟中一雁寒。

这首词虽出现了"愁"字，却有和纳兰相同的写法，就是要写愁而不直接写愁，而是通过其他意象的状态来体现这种情感。

这首词还有个很重要的地方，也是造成这词本身在感觉上给人一种熟悉而又清新的重要原因，那就是化用了前人的许多意象以及名句。如"木叶"这一经典意象最早出于屈原的《九歌·湘夫人》"嫋嫋兮秋风，洞庭波兮木叶下"，曹植的《野田黄雀行》就说"高树多悲风，海水扬其波"，庾信在《哀江南赋》里说："辞洞庭兮落木，去涔阳兮极浦"，杜甫他在《登高》中说："无边落木萧萧下，不尽长江滚滚来。"这一意象具有极强的艺术感染力，予人以秋的孤寂悲凉，十分适合抒发悲秋的情绪。"残月晓风何处"则显然化用了柳屯田的《雨霖铃》中"今宵酒醒何处，杨柳岸，晓风残月"，"一半西风吹去"又和辛弃疾的《满江红》中"被西风吹去，了无痕迹"同。

　　这首词和纳兰的其他词比起来，风格也没有什么不同，仍然是婉约细致，但从版本上看却大有可说之处。这首词几乎每句都有不同版本，如"木叶纷纷归路"一作"黄叶青苔归路"，"残月晓风何处"一作"靥粉衣香何处"，"消息半浮沉"又作"消息竟沉沉"。

　　且不谈哪一句是纳兰的原句，这考据，现下还难以确定出结果来，但这恰好给读者增加艺术对比的空间。比较各个版本，就"木叶纷纷归路"一作"黄叶青苔归路"两句来看，"黄叶"和"木叶"二意象在古典诗词中都是常见的，然就两句整体来看"木叶纷纷"与"黄叶青苔"，在感知秋的氛围上看，显然前者更为强烈一些，后者增加了一个意象"青苔"，反而导致悲秋情氛的减弱。"残月晓风何处"与"靥粉衣香何处"则可谓各有千秋，前者化用了柳永的词句，在营造意境上比后者更有亲和力，词中也有悲哀的情感迹象；"靥粉衣香何处"则可以在对比下产生强烈的失落感，也能增强词的情感程度。

注释

① "秋雨"三句句：清朱彝尊《转应曲》诗句："秋雨，秋雨，一半因风吹去。"

清平乐

才听夜雨,便觉秋如许。绕砌蛩[虫齐]人不语,有梦转愁无据[1]。

乱山千叠横江[2],忆君游倦何方[3]。知否小窗红烛,照人此夜凄凉。

  这首词是秋夜念友之作,抒发了对好友顾贞观深切的怀念。顾贞观是江苏无锡人,其曾祖顾宪成是晚明东林党人的领袖,可谓真正的书香门第。顾贞观的个人才情和文化素养也自然与众不同,是当时很有名的江南文士。

  康熙十五年的春夏间,他与权相明珠之子纳兰性德相识,成为交契笃深的挚友。或许是气质的相互吸引,或许是才情的彼此契合,两人第一次相见,便有"一见即恨识余之晚"之感,相见甚欢,相谈甚多,彼此引为知己。而在词坛的成就两人同样齐名,举凡清史、文学史、词史无不将二人相提并论,被视为风格近似、主张相同的词坛双璧。二人因为才情而惺惺相惜。在与顾贞观相交的日子里,纳兰是快乐的。他们时常以词会友,互相切磋文学。可是再深的友谊也不能保证天长地久地相处,纳兰因为官职在身,总需要外出办事。

这次，他又要随同皇帝外出游走，官场的事情总是枯燥乏味的，不如与友人饮酒填词来得痛快。但人在官场，身不由己，纳兰只得依依不舍告别友人，准备出发。在外出的日子里，纳兰一直是孤独寂寞的。虽然康熙很赏识他，但君臣毕竟有别，二人不会无话不谈。纳兰恪守着君臣之礼，他将自己内心的一切都隐忍下来，这更加重了他内心的郁闷情绪，想要及早结束这场出行，好早日回去与友人团聚。

在这种心情下，纳兰写下了这首《清平乐》：才刚刚听到窗外的雨声，就已感觉到秋意已浓。是那蟋蟀和寒蝉的悲鸣声，让人在梦里产生无限哀怨的吗？乱山一片横陈江上，你如今漂泊在哪里呢？是否知道有人在小窗红烛之下，因为思念你而备感凄凉？单纯的想念，让人能够从词句中嗅到友谊的醇香。友谊就是这样，不论彼此身在何方，总是能够随时随地想起对方。纳兰外出公干，想起远方的挚友，虽然秋意正浓，但心头也会涌起阵阵暖意。

"才听夜雨，便觉秋如许。"才刚刚听到窗外的雨声，就已经感觉到浓浓的秋意了。身上的寒意大多是心里的凄凉带来的，身边没有知己，自然感觉到凉意。夜雨之中，更能听到蟋蟀和寒蝉的悲鸣声，秋意渐浓，蟋蟀和寒蝉也知道自己生命无多，故而叫声凄厉。在夜色下，这更让人产生无限的哀怨。

"绕砌蛩螀人不语，有梦转愁无据。"上片在凄凄切切的情愫中结束，纳兰将思念友人之心情描述得如悲如切。这首词是思念友人，却又好像是纳兰自悲自切的呢喃自语。结束了上片的哀痛，下片则是沉思，依然饱含哀怨，所描写的景物，也是蒙上一层灰暗的色彩，看不到颜色。

"乱山千叠横江，忆君游倦何方。"眼前乱石堆砌，远山横陈江上，江水滔滔，滚滚东逝去。不知道友人而今漂游到了何方。杳无音信，只能靠着思念回忆过去美好的日子。纳兰与好友之间没有联系，让他内心充满不安。

"知否小窗红烛，照人此夜凄凉。"这是纳兰在反问友人的话，是否知道有人在思念你呢？是否会知道此人因为思念而感到凄凉呢？友人自然是无法感受到纳兰千里外的思念的，但纳兰在此的疑问，可以看出纳兰的纯真心性，这个才华横溢的清初才子，其实只是一个渴望友谊与关爱的男子。

词的初衷是思念友人，但当写到最后，却变成了纳兰自怨自艾的一首自哀词，写不尽的哀伤情，透过词意里的风雨，飘洒而出，湿了人心。

注释

① 无据：不足凭，不可靠。
② 横江：横陈江上，横越江上。
③ 游倦：犹倦游，指仕宦漂泊潦倒。

画堂春

一生一代一双人[一],争教两处销魂[二]。相思相望不相亲,天为谁春?

浆向蓝桥易乞[三],药成碧海难奔。若容相访饮牛津,相对忘贫。

古往今来,爱情总是叫人欢喜叫人愁苦,美好的爱情就好似夜空中兀自绽放的烟火,瞬间的美丽照亮漆黑的天空,但为这一刹那的美好,人们所要付出的往往是很多的。纳兰为爱情付出的更多,他由困顿到解脱,由渴望到爆发,这期间的情绪波动十分大,而这样的心绪,也就是这首《画堂春》。

这样,也便不难理解,为何这首词的气场如此强大,不同于纳兰以往诗词的风格。劈头便是"一生一代一双人,争教两处销魂",似乎是在控诉,也是在向苍天指问:为何相爱容易,相守就这么难?

纳兰的这句话,毫无点缀,直来直往,犹如一个女子,素面朝天,但因为天资的底蕴,所以,耐得住人去看、去推敲。明明是天造地设的一对佳人,偏偏要经受上天的考验,无法在一起,只能各自神伤,这真是老天爷对有情人开的最大的一个玩笑。

"相思相望不相亲,天为谁春?"既然相亲相爱都不能相守,那么老天爷,这春天你为谁开放?纳兰的指天怒问让人叹息。这悲怆的上片,其实是纳兰化用骆宾王《代女道士王灵妃赠道士李荣》诗中成句:"相怜相念倍相亲,一生一代一双人。"

纳兰将古人诗句加以修改,运用得十分到位。骆宾王的原句想来后人并无多少知晓,但纳兰的这首词却是传遍了大江南北。

下片转折,接连用典。其实小令一般是不会去频繁用典故的,这是禁忌,但是纳兰却偏偏视禁忌于不顾。

"浆向蓝桥易乞",这是关于裴航的一段故事:裴航在回京途中与樊夫人同舟,他赠送诗歌表达情意,而樊夫人却回他一首:"一饮琼浆百感生,玄霜捣尽见云英。蓝桥便是神仙窟,何必崎岖上玉清。"裴航苦思不得其解。后来他去蓝桥驿,偶遇一位名叫云英的女子,顿生爱慕。而当裴航向云英母亲求亲时,却遇到一个难题。云英的母亲说只要裴航为她找到一件叫作玉杵臼的宝贝,就将女儿嫁给他。裴航从樊夫人的诗句中得到启示,千辛万苦终于娶到了云英。而纳兰用这个典故,其实是想说像裴航那样的际遇于他而言,也是有过的。但至于纳兰遇到了什么样的往事,后人也不得而知。但想来,他也遇到了如同裴航一样的大难题,可惜,他没有仙人指路,毫无解决办法,故而才苦恼万分。

苏雪林在《清代男女两大词人恋史之谜》中也提道:"以为此恋人为'入宫女子','浆向蓝桥易乞'似说恋人未入宫前结为夫妇是很容易的;'药成碧海'则用李义山诗,似说恋人入宫,等于嫦娥奔月,便难再回人间;李义山身入离宫与宫嫔恋爱,有《海客》一绝,纳兰容若与入宫恋人相会,也用此典,居然与李义山暗合。"

这里写的"药成碧海难奔"也是一个典故,之后的"若容相访饮牛津,相对忘贫"也是一个典故。

传说大海的尽头就是天河,那里曾有人每年八月都会乘槎往返于天河与人间,从不失期。好奇的人便效仿,也踏上了探险之路,向东而去。漂流数日后,那人见到了城镇房屋,还有许多男耕女织的人们。他向一个男子打听这是什么地方,男子只是告诉他去蜀郡问问神算严君平便知道了。严君平掐指一算后,居然算出那里就是牛郎织女相会的地方。

纳兰用这个典故,是想说自己虽然知道心中爱的人与自己无缘,但还是渴望有一天能够与她相逢,在天河相亲相爱。这是纳兰的誓言,也是难以实践的约定,纳兰的爱,注定了漂泊,没有归期。

注释
① "一生"句:语出唐骆宾王《代女道士王灵妃赠道士李荣》:"相怜相念倍相亲,一生一代一双人。"
② 争教:怎教。
③ 蓝桥:在陕西蓝田东南蓝溪上。传说此处有仙窟,相传唐代秀才裴航与仙女云英曾相会于此,求得玉杵臼捣药,终结为夫妇。专指情人相遇之处。

霜天晓角

重来对酒[一]，折尽风前柳。若问看花情绪[二]，似当日、怎能够。

休为西风瘦，痛饮频搔首[三]。自古青蝇白璧[四]，天已早、安排就。

相逢又离别，离别又相逢，人生似乎就是在这相逢分别中慢慢损去，似乎是命运的轮回而已。看罢，如今眼前竟又是一盏离别酒，又要将它存进惆怅。

河边那一排排瘦瘦的柳树，春意未浓，绿芽始发，却早已攀折殆尽，一任那春风吹啊，却怎么也吹不绿了，春风又何能解憔悴？徒替柳枝伤感罢了。

与早春一道的，那早早的花儿已然开放，卑微，却露出生的希望——遥想那些一同赏花的年华，如水东流，一去不返。如今物是人非，再对花月，睹物思人，何谈情绪，哪有心思，真是肝肠寸断。怎能还似当时呢？

可爱的人儿啊，不要在这西风中沉沦，不要为此而憔悴！经历了那么多的坎坷、离别，面对过人生何其多的温热冷暖，难道脆弱的心灵还未粗糙，难道敏感的神经还未因此麻木？

痛饮下这一杯酒吧，让我们一道将离别的痛苦，赤裸裸地一点不留，浸泡在这催泪滚滚的烈酒中吧，还让我们自己也沉沉地败倒在这烈酒的冷寒里罢，让明日醒来时的我们，又回到原来并未相见的空虚中，回到没有挂念的快乐中去。

人生不适，离别圆缺，清白逸邪，纷纷扰扰，永无宁日，自古便是如此啊，这千般烦恼，百般计较，命无不如此，皆由天定啊！

这是一首写饱受人生别离之苦后，借重聚饮酒之机，抒发人生无常之情的词。上片说重逢后，又临别酒，而此时，方寸所感，早与往日大相径庭。下片自己为这人生苦恼提出了解答："自古青蝇白璧，天已早、安排就。"

这首词属于纳兰性德深刻剖露自己内心苦闷，以及苦苦寻求解答与解脱的典型篇目。这词中体现了佛教思想对纳兰性德的影响。我们可以看出：一方面纳兰性德本曾积极进取，敢于直面人生，他早期和一切读书人一样，努力去考取功名，并且由于家族以及自身能力两方面的原因，顺利进阶，仕途可谓一帆风顺，成为帝王身边的侍卫，前途不可限量；另一方面，他完整人生中的另一面，也就是他敏感而易感伤的心理，坎坷而多遭变故的爱情生活，无常人生的生死、别离，等等，始终像水一样，慢慢浸透他全身。这样一对矛盾一并融入了纳兰性德的命运中，他无比苦闷，寻找出路，终于找到了佛教禅宗。然而他并不是一个虔诚的佛教徒，也不是一个俗家弟子，他只是一个对世俗世界十分留恋又力图从中寻求解脱的读书人，一个伤感而敏感的诗人。

纳兰性德思想中的佛教思想有很多表现，如他的《饮水词》

便是从"至于有法无法,有相无相,如鱼饮水,冷暖自知"中来的;又如他的词句"一日心期千劫在,后身缘,恐结来生里","待把来生祝取,慧业相同一处"等。

这首词写别情,却脱出别情,终又回到别情上,始终想解脱,故作旷达语,又始终不可解脱,终归于一句对于人生的理解"自古青蝇白璧,天已早、安排就",以此宽慰自己。全词可谓凄婉哀绝,能催人生出同感来,读之百遍,犹不觉厌。

注释

①对酒:面对着酒。
②情绪:心情,心境。
③痛饮:尽情地喝酒。搔首:以手搔头,焦急或有所思貌。
④青蝇白璧:比喻奸人陷害忠良。唐陈子昂《宴胡楚真禁所》诗:"青蝇一相点,白璧遂成冤。"青蝇,苍蝇,蝇色黑,故称。白璧,平圆形而中有孔的白玉。

卜算子 塞梦

塞草晚才青,日落萧笳动[一]。
槭槭凄凄入夜分[二],催度星前梦。
小语绿杨烟,怯踏银河冻。
行尽关山到白狼[三],相见惟珍重。

《卜算子》又名《百尺楼》《眉峰碧》《楚天遥》等。相传是借用唐代诗人骆宾王的绰号。骆宾王写诗好用数字取名,人称"卜算子"。

这首"塞梦"是纳兰于塞外羁旅时思念妻子之作。

"塞草晚才青",是日落时分,边塞的草在黄昏的天色里才显出青绿的颜色,此处也暗指白日行军匆忙,杂事诸多,只有黄昏时分陷入安静才开始觉得周围景致的苍凉。

"日落萧笳动",夕阳才缓缓落下,萧笳之声便在大漠上蔓延开了,这里"萧笳"指的是管乐器。萧声婉转幽凉,笳声沉郁悲切,二者交错,突显出塞上荒凉空远的景色。卢纶《送张郎中还蜀歌》有句:"须臾醉起萧笳发,空见红旌入白云。"也是借萧笳之声延伸出这个大漠的苍凉。

暮色四合,萧笳沉凉,这一个夜入得如此缓慢凄清,"我"

已不忍再看，转回营帐时却一步一回顾天际星光，原来这一场羁旅，所想要逃避的也不过是对你的相思无涯。用情之至，却要忍受在各自天涯之时的噬骨之痛，那么，"我"若速速睡去，你是否也能赶来见"我"一面，聊解相思，也告诉我，家乡的柳枝可有了什么变化。

"慽慽凄凄入夜分"一句用典，出自李清照《声声慢》："寻寻觅觅，冷冷清清，凄凄惨惨戚戚"，描写的是自己在入夜后愁惨的心情，与易安相仿，那么不难理解所隐含的意思也是"乍暖还寒时候，最难将息"。杜甫《严氏溪放歌行》："况我飘蓬无定所，终日慽慽忍羁旅"，所要表达的也便是这般羁旅生涯惨淡悲愁的心情。

在这种心情的驱使之下，终究相思难耐，只得"催度星前梦"，催促引渡妻子的梦魂来到边塞，与自己相会。此句化用于汤显祖《牡丹亭·游魂》"生性独行无那，此夜星前一个"一句。《牡丹亭》又名《还魂记》，是汤显祖的传世之作，小说描写了杜丽娘与柳梦梅生死离别的爱情故事。汤显祖在该剧《题词》中有言："如杜丽娘者，乃可谓之有情人耳。情不知所起，一往而深。生者可以死，死可以生。生而不可与死，死而不可复生者，皆非情之至也。"而纳兰在此处用以指代夫妻情深，是以纵使关山阻隔，也愿梦魂相聚。

到了下片，也不知是睡着了还是醒了，妻子那娇影袅袅娜娜地竟真的出现在了眼前，更欲耳畔轻柔情话私语，只是这个时节银河尚冻，路人皆不敢踏足那冰封的小河，杨柳蒙烟，天寒彻骨，却不知伊人独自如何能到得了这塞外边关的荒凉之地。

于是紧接着"行尽关山到白狼,相见惟珍重"一句,便解释了妻子魂魄如何抵达塞外,却是将关山踏遍才寻到远在白狼的丈夫,这一句也暗喻了妻子不畏关山路途艰难,思念夫君,想要见到夫君、必要见到夫君的深情。晏几道《鹧鸪天》:"从别后,忆相逢,几回魂梦与君同。今宵剩把银釭照,犹恐相逢是梦中。"与此处有相似的妙处,虽然纳兰并未真正见到妻子,但两首词皆是指爱人相见,亦真亦幻,梦里梦外难辨,相见却又不敢确认的恍惚心情。

既是相见了,应是有百般情话关切相问,可是相别之久,相思之深,却让酝酿了这许多年的千言万语在心绪中百转千回,不知从何言起,最终吐出口的,仅仅只有"珍重"二字。想来情到深处反而不能言语,甜言蜜语该多是独处之时盘旋脑海。词到此处,蕴含了一语将破未破的玄机,万里迢迢相聚却只道一声珍重,情意盘旋缱绻,一唱三叹,使闻者不由一片感怀在心,却又不敢妄作言辞以打碎这梦魂相聚的深绵。

这首"塞梦",典型而深刻地描写出纳兰常年羁旅在外,厌恶扈从生涯,时时怀恋妻子,思念家园,故虽身在塞上而相思不灭,遂朝思暮想而至于常常梦回家园,与妻子相聚。短短数字,将这种凄惘的情怀刻画得淋漓尽致,入木三分。

注释
①箫笳:箫和胡笳。
②戚戚:悲伤的样子。凄凄:形容心情凄凉悲伤。
③关山:关口和山岳。白狼:即白狼河,今辽宁大凌河。

鹧鸪天

独背残阳上小楼,谁家玉笛韵偏幽[一]。一行白雁遥天暮[二],几点黄花满地秋。

惊节序,叹沉浮,秾华如梦水东流[三]。人间所事堪惆怅,莫向横塘问旧游[四]。

在中国古代,每到重阳佳节,人们就会登高,为的是避灾求福。而随着时间的推移,登高逐渐演变成古人的一种重要情结,每当他们郁郁不得志时,通常以登高赋诗吟词,来排解心中的郁闷苦楚。

南唐后主李煜在国破家亡之后,在宋朝过了两年多的囚徒生活。在被"囚禁"的日子里,为了缓解心中的愁苦,他经常独上西楼远望,想象着昔日南唐的宫阙,而亡国之恨总会在这时一次次冲击他的心灵,因此他悲愤地写下了"无言独上西楼""小楼昨夜又东风"之类感伤的诗句。

与李煜这个偏安一隅的没落国君相比,纳兰无疑要幸运得多,他出身贵胄,父亲是权倾一朝的宰相,自己又是皇帝的贴身侍卫,深得圣上赏识。然而,他却蔑视一切荣华富贵,想的是遁迹山林,与清风明月为伍。纳兰的出身和性格,也就注定他要终身扮演一个不得志的失意者,而这首《鹧鸪天》,就是他内心满腔惆怅的真实写照。

"独背残阳上小楼",词一开篇,纳兰就为我们展现出一幅凄凉的画面,在一个秋日的黄昏,纳兰孤单地登上小楼,夕阳将他的影子一点点地拉长,就像他的心性一样,在时光的磨砺中消磨殆尽。

登上小楼之后,纳兰耳边传来幽咽的笛声,其中似乎还夹杂着些许的感伤。在中国古典诗词中,玉笛也是一个频繁出现的意象。"敦煌女伎持玉笛,凌空驾云飞天去""谁家玉笛暗飞声,散入春风满洛城""玉笛凌秋韵远汀,谁家少女倚楼听"……那为什么很少用"金笛""铁笛""铜笛"来入诗词呢?这是因为在古代,人们对玉看得很重,正所谓"黄金有价玉无价",文人君子必佩玉,于是,玉不仅是一种装饰品,更是一种人格、身份的体现。

登高必感怀,这是中国传统诗词的一个套路,另外还有"一切景语皆情语"的说法,所以纳兰在感怀之前,先看了看眼前的景色。"一行白雁遥天暮,几点黄花满地秋",远处,一行白雁飞入天际,近处,枯黄的叶子落了一地。一个人孤零零地登楼远眺就已显凄凉,如果再看到眼前萧瑟的秋景,自然会触景生情,发出无限的感慨。

词到下片,纳兰开始慨叹世事无常,人生如梦,"惊节序,叹沉浮,秾华如梦水东流",四季更替,人生浮沉,美好的时光像梦一样随着流水流走了,到这里,词人的惆怅之情已显而易见。

"人间所事堪惆怅,莫向横塘问旧游。"人间有无限的惆怅之事,既已如此惆怅,那就更不要向横塘询问旧游在何处了。读到尾句,我们不禁想起纳兰的另一首《浣溪沙》中的"我是人间惆怅客",不同的季节,相同的意境,虽然时光飞逝,但惆怅的心情却如影相随。

有人说这首词是登高感伤之作,也有人指出横塘在江南,这是一首登高怀人之作,怀念的是沈宛或是江南的友人。哪种说法正确,我们无法做出裁定,但我们能够确定的是,纳兰内心中那无法倾诉的惆怅,将永远陪伴在他的左右,直到他生命终结……

注释
① 玉笛:玉制的笛子,笛子的美称,指笛声。
② 白雁:候鸟。体色纯白,似雁而小。
③ 秾(nóng)华:指女子青春美貌。
④ 横塘:古堤名,一处为三国吴于建业(今南京)南淮水(今秦淮河)南岸修筑,亦为百姓聚居之地;另一处在江苏省吴西南。诗词中常以此堤与情事相连。旧游:从前游玩过的地方。

鹧鸪天

别绪如丝睡不成,那堪孤枕梦边城[一]。因听紫塞三更雨[二],却忆红楼半夜灯[三]。

书郑重,恨分明,天将愁味酿多情。起来呵手封题处[四],偏到鸳鸯两字冰。

在中国古典诗词中,有许多缠绵悱恻的诗篇,从"窈窕淑女,寤寐求之"的吟唱到"十年生死两茫茫"的悲叹,再到"才下眉头,却上心头"的相思情愁。我们在欣赏这些诗篇时,所能感受的不仅仅是那种热烈、深沉的感情,更能体味到洋溢在其中的绵绵相思以及幽幽愁丝。

纳兰的这首词是塞上怀远之作,仍然是相思的主题。首句"别绪如丝睡不成",直抒胸臆,多情公子此时正在塞上,别后的相思之情让他辗转反侧,夜不能寐,而"那堪孤枕梦边城"则更进一步说明了纳兰的愁思之深。按照正常的理解,"梦边城"应该解释为"梦见边城",但是联系上下文,我们就知道其应该解释为"梦于边城"。

由于孤枕难眠,于是纳兰只好从床上爬起来,去倾听那塞外夜半的雨声。可是这潇潇的夜雨声,就如同愁苦之人拨弄琴瑟的弦声，凄凉震耳，声声敲痛着纳兰那颗充满愁思的心，也越发触动了他的情思，让他不自觉地回忆起家中灯前的妻子，她此时是否也在思念着自己？

紫塞，指的是北方边塞，鲍照在《芜城赋》中有"南驰苍梧涨海，北走紫塞雁门"的诗句。长城之下的泥土呈紫色，相传这是因为修筑长城的老百姓一批批全都死在城下，以至于"尸骨相支拄"，百姓的血肉之躯掺和了泥土，恰是紫色，所以边塞就被称为紫塞。

相思之情此时已如春日的野草一样，迅速地疯长着，于是纳兰拿起笔，铺开纸笺，开始给妻子写信，抒发自己的离愁别绪。"书郑重，恨分明"，纳兰在这里化用李商隐的"锦长书郑重，眉细恨分明"，李诗原是一首《无题》：

照梁初有情，出水旧知名。
裙衩芙蓉小，钗茸翡翠轻。
锦长书郑重，眉细恨分明。
莫近弹棋局，中心最不平。

李商隐当时新婚不久，由于卷入了"牛李党争"，因此在仕途上遭受了不公正的待遇。新婚妻子王氏并没有因李商隐在仕途上的不得志而离开他，而是一直不离不弃，与其患难与共。于是李商隐写下了这首诗。纳兰在此处截取"书郑重"和"恨分明"二语，语义上让人感到十分疑惑，至于他在当时要表达什么含义，我们今人就不得而知了。

接下来纳兰用一句"天将愁味酿多情"，将整夜的情思推向了高潮，人有七情六欲，会感到愁苦，而苍天似乎也在用滴滴答答的细雨声来酝酿自己的愁苦，一个"酿"字，可谓是全词的词眼。边塞严寒，纳兰好不容易写完信，呵着僵硬的双手封合了信封，在为信封签押的时候，偏签押到鸳鸯两字时，却发现笔尖被冻住了，只有一片冰凉的寒意。在这里，纳兰将自己的心境与天气巧妙地结合在一起，那被冻住的恐怕不仅仅是笔尖，更是纳兰的那颗心吧？

相传卢氏死后，纳兰在二十六岁时续娶了官氏，由于和官氏的婚姻带有政治色彩，所以纳兰一直对官氏非常冷淡。如果真是这样的话，那么这首词就应该不是写给官氏的，那么，我们是否就有理由推测，这又是一首怀念卢氏的悼亡之作呢？从"天将愁味酿多情""偏到鸳鸯两字冰"这两句来看，纳兰当时的心中确实有一种难以诉说的愁苦。

注释
①边城：临近边界的城市。
②紫塞：北方边塞。
③红楼：红色的楼，泛指华美的楼房。指富贵人家女子的住房。
④呵手：向手呵气使暖和。封题：物品封装妥当后，在封口处题签，特指在书札的封口上签押，引申为书札的代称。

鹧鸪天

送梁汾南还,时方为题小影。

握手西风泪不干,年来多在别离间。遥知独听灯前雨[一],转忆同看雪后山。
凭寄语,劝加餐,桂花时节约重还。分明小像沉香缕[二],一片伤心欲画难。

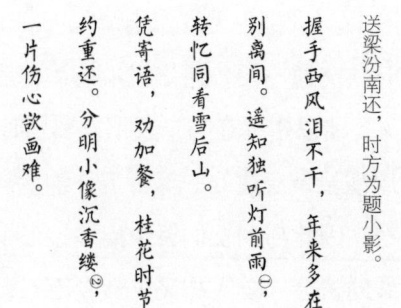

　　在纳兰的诗词中,随处可见其对于友情的珍视,虽然他已早登科第,又是皇族贵胄,然而却虚己纳交,待人至诚至真,推心置腹。当时朝野满汉隔阂甚深,而他的朋友却都是江南人,而且皆坎坷失意之士,纳兰性德倾尽自己的全力帮助他们,这其中就有顾贞观。

　　有一天南方传来噩耗,顾贞观的母亲病故,他必须立刻离京南归。当纳兰得知这一消息后,他伤心、震惊的程度一点也不亚于顾贞观,甚至比其还要强烈。纳兰不仅为顾贞观难过,也为自己难过,因为顾贞观已经成为他精神生活中不可缺少的一个人,而现在他不得不面对其要离自己而去的事实,于是,他将自己的痛苦化成一行行长短句,填写了这首词。

　　"握手西风泪不干",词一开篇,作者就为我们营造出一派依依惜别的景象,在秋风之中词人与友人握手作别,泪水止不住滑落。古人在离别时通常以握手表示诚挚的友情和一往情深的伤别之意，李白就有"握手无言伤别情"的诗句。而之所以"泪不干"，是因为古时候交通不便，通信极不发达，朋友之间往往一别数载却难以相见，所以古人在与亲人朋友离别时都会特别伤感。

作为康熙皇帝身边的一等侍卫，纳兰常常要入值宫禁或随圣驾南巡北狩，因此与朋友们聚少离多，很少见面，如今好不容易有一个相聚的机会，友人却又突然要南归，因此他才会发出"年来多在别离间"的感慨。

"遥知独听灯前雨，转忆同看雪后山"，前一句纳兰虚写未来，后一句则实写过去。纳兰想象着身在远方的友人灯前独坐听雨的愁苦，脑海中回忆起与顾贞观雪后一同看山的快乐日子。

"凭寄语，劝加餐，桂花时节约重还"，这几句化用王次回的《满江红》词："凭寄语，劝加餐，难嘱咐，雨和雁。"此时词人已经摆脱了伤感的心情，转而叮嘱友人要保重身体，并希望他在桂花开的时候能够回来与自己相聚。

"分明小像沉香缕"，字面上的意思是小像在缕缕沉香的轻烟里历历可见。其实这里还有一个典故，李贺曾作过一首《答赠》诗，其中有两句"沉香熏小像，杨柳伴啼鸦"，在这两句中，"小像"本作"小象"，是象形熏炉的意思，但由于误传的时间久远，也就约定俗成地变成了"画像"的典故。

"一片伤心欲画难"则化用高蟾《金陵晚望》中的诗句"世间无限丹青手，一片伤心画不成"，高诗的意思是世间无数大画家，谁也难画出此刻的一片伤心之感。而纳兰将此句化用，用意也就变得十分明显,虽然容貌可以画出来,但是自己的伤心和不舍却难以画出,从而表达出对友人的思念之情。

最后两句照应了小序中的"为题小影",顾贞观南归时,纳兰赠以小像,题以词作,只可惜这幅小像在道光年间毁于火灾,否则我们今人就能够通过小像来看一看这位多情公子当时是怎样一副伤心欲绝的表情。

梁佩兰在纳兰性德的祭文中说:"黄金如土,惟义是赴。见才必怜,见贤必慕。生平至性,固结于君亲,举以待人,无事不真。"结合这首词来看,梁佩兰的话虽然不无溢美之词,然而用于纳兰性德却也不夸张。

注释
①遥知:谓在远处知晓情况。
②分明:简单明了。沉香:熏香料名,又称沉水香、蜜香。

海棠春

落红片片浑如雾，不教更觅桃源路[一]。香径晚风寒[二]，月在花飞处。

蔷薇影暗空凝伫[三]，任碧飐、轻衫萦住[四]。惊起早栖鸦，飞过秋千去。

晋陶渊明在他的《桃花源记》中描写了一个与世隔绝、安居乐业的好地方，称之为桃花源。之后，桃花源似乎就成为了人们心目中的避世理想之所，可惜，这个地方不过是陶渊明的虚构，世间哪里会有这样美好的地方呢？

如果说有，那也只能是世人心目中的一个理想的向往罢了。纳兰便是一心向往着这样的世外桃源。这首《海棠春》看似写景，实则抒情，纳兰的心在这首词里表露无遗，他想要逃离这纷繁的俗世，想要去一个清净的地方安度余年。

虽然，这样的愿望对于一般人来说，似乎并不难实现，但对于纳兰，这个天生就富贵的男人来说，却是无法实现的心愿。老天爷总是公平的，他给予你一样东西的时候，也会收走你的另一样东西。

在世间男子为了功名利禄、荣华富贵，舍弃自由，舍弃自我，奋力拼搏的时候，那个一生下来就什么都有了的纳兰，却偏偏想抛弃这些，去找寻自由。当然，这份自由就如同那臆想中的桃花源一样无法触摸到。

纳兰之苦，在于心苦，所以他的词里，大多是将这种无法言说的心苦表达出来，或者借景抒情，或者以物言志。

这首词勾画了月夜下孤清寂寞的情景：春风吹过，落花纷纷，如烟似雾，叫人禁不住要去寻觅那世外桃源。花间小径，晚风伴着轻寒，将花瓣吹到月光底下。墙壁上蔷薇的倩影里，有人默默地伫立凝望着眼前的一切，任凭风吹衣袂，花瓣萦绕。清风惊起早醒的晨鸦，使得它们扇动着翅膀飞过秋千去了。

"落红片片浑如雾"，开篇一句便是充满了诗情画意，叫人向往，但随后一句，则是将人从天堂拉回人间，"不教更觅桃源路"，如此美景，忍不住想要叫人去寻找那桃花源的踪迹，可是究竟入口在何处呢？无人可知。

在看似美景之下，其实在美丽之外，心头更是藏着一份凄凉的情怀。这首词的总体基调是清冷的，"香径晚风寒，月在花飞处"。每一个字都流露出了不泯的深情，只是可惜，这份情怀无人可寄，故而越发显得凄冷。

清冷孤寂始终是是纳兰心里的一道伤疤，无法撼动，无论人生之路如何行走，世情如何变幻，纳兰心头的这道疤痕，都不会褪去。这是命运带给他的伤，而他无能为力，便将这伤带入了词中。

读着纳兰的词，感怀着他的伤，不禁泪流。"蔷薇影暗空凝伫，任碧飐、轻衫萦住。"一个孤寂的身影，任凭风将自己的衣衫吹起,身上感到些许的冷,但心里更冷。纳兰最苦的便是没有知己,在苏辙的《怀渑池寄子瞻兄》说道:"人生到处知何似?应似飞鸿踏雪泥。泥上偶然留指爪,鸿飞那复计东西。"

知己是一个男人最好的解忧酒,可惜纳兰没有,所以,任凭"惊起早栖鸦,飞过秋千去"。他也只能是在大片大片的忧伤中,沿着自己的轨迹,掉入灰暗的深渊,无法逃脱。这是一道美丽的疤痕,让纳兰一生都在写着绚烂孤寂的诗词。

这份情怀,延绵不绝,洇了千年。

注释

①桃源路:桃源,即桃花源,晋陶渊明在《桃花源记》中描写了一个与世隔绝、安居乐业的好地方,用以比喻不受外界影响的地方或理想中的美好地方。
②香径:花间小路,或指满地落花的小路。
③蔷薇:落叶灌木。有单瓣、复瓣之别,色有红、粉红、白、黄等多种,很美丽,初夏开放。凝伫:凝望伫立,停滞不动。
④飐(zhǎn):颤动、摇动。

荷叶杯

知己一人谁是？已矣。赢得误他生。多情终古似无情，莫问醉耶醒。

未是看来如雾，朝暮。将息好花天[1]。为伊指点再来缘[2]，疏雨洗遗钿[3]。

　　这首词为怀念亡妻而作：谁是那唯一的知己？可惜已经离我而去，只有来世再续前缘。多情自古以来都好似无情，这种境况无论醉醒都是如此。朝朝暮暮，如烟似雾，那大好的春色不要白白错过。雨中拿着你的遗物睹物思人，但愿能来世相见。

　　纳兰的诗词中，对荷花的吟咏，描述很多。以荷花来比兴纳兰公子的高洁品格，是再恰当不过的。"出污泥而不染"是文人雅士们崇尚的境界。它起始于佛教的有关教义，把荷花作为超凡脱俗的象征。

　　而在中国传统文化中，把梅、兰、竹、菊"四君子"和松柏、荷花等人格化，赋予人的性格、情感、志趣，使其有了特定的内涵。许多文人热衷寄托自己的情思于梅兰竹菊，例如郑板桥画竹，曹雪芹写石头，这些都代表了他们内心的某种情感。

　　纳兰也不例外，纳兰就认定了荷花，在许多词中，他都写到荷花，寄托自己无处可寄托的情感。在这首词中，虽然没有提到荷花，但可以看出纳兰将自己的情感都寄托在了那份景致中。

有人说这是一阕悼亡词，是写亡妻，可也有人说是写恋人，怀念与恋人之间无法追回的情感。不论写哪种逝去的情感，都可以说得通。平心而论，无论是妻子还是恋人，纳兰从来都不会偏向哪一方，他将这些女子放在心中，她们各自有各自的位置。

开篇便问："知己一人谁是？""知己"二字，中国古时是十分慎用的，除非彼此之间非常了解对方的心意，不然是不可妄自称为知己的。纳兰的知己，便是那位离他而去的女子，但他也明白，人生得一知己足矣，所以，他会在反问之后，自问自答地写道："已矣。"

的确是这样的，既然此生已经得到了知己，那么便足够了，至于今后独自行走的道路，有着之前的回忆，那还怕什么呢？"赢得误他生。"来生如果有缘，相信还是会走到一起的。多情不必神伤，"多情终古似无情，莫问醉耶醒"。上片在一片混沌中结束，纳兰似醉非醉地混迹人间，没有了知己，他还要继续走下去，如果不糊涂一点，如何能够应对这世间坚硬的种种？

纳兰的好朋友朱彝尊感慨常叹："滔滔天下，知己一人谁是？"可见并不是所有人都能得到知己，从这点来说，纳兰是幸运的。他爱的人不但爱他，更懂得他，就算这份懂得是短暂的，那也是曾经拥有过。

这上片直抒胸臆，真切极了。但是下片却是笔锋勒马，由刚转柔，不再明写，而是用铺垫，写起情感，尤其是最后一句"为伊指点再来缘，疏雨洗遗钿"，缠绵悱恻，诉尽心底的伤痛悔恨。

"未是看来如雾，朝暮。将息好花天。" 有景有情，全词情意盎然，让人读起来感到飞流直下，但丝毫没有什么不妥的感觉，反倒是让人泪下如雨。"海内存知己，天涯若比邻"，这两句诗正好道出了纳兰的心声。

爱情固然是渴望地久天长的，但如果能够拥有一份连生死都无法阻隔的爱情，那也未尝不是一件幸事。正所谓在彼岸花开如初，才更能见到爱情的坚定。

注释

①好花天：指美好的花开季节。
②再来缘：来世的姻缘，来生的姻缘。
③钿：指用金、银、玉、贝等镶饰的饰物。此代指亡妇的遗物。

浪淘沙

紫玉拨寒灰[一]，心字全非[二]。疏帘犹自隔年垂[三]。半卷夕阳红雨入，燕子来时。

回首碧云西[四]，多少心期，短长亭外短长堤。百尺游丝千里梦，无限凄迷[五]。

    本篇是纳兰词中的代表作之一。上片写少妇于闺房之中无聊思春，"紫玉""寒灰"可以看出这名少妇的家境似乎不错，用玉去拨灰，似乎难以理解，但加上之后一句，便可以迎刃而解了。"紫玉拨寒灰，心字全非"，所谓的"心字"便是心字香烧完后，灰烬落在地上，构成了"心"字的形状。词中的这位少妇，手持紫玉，拨弄着香燃烧后留下的灰烬，一地混乱，正如少妇那无处收拾的芳心。

    "疏帘犹自隔年垂"，再看那竹帘，常年未动，去年便是这样垂挂着，而今依旧如此，或许明年也仍旧这样，毫无变化吧？少妇感慨时光如梭的心情在这个句子中赫然呈现，纳兰将一个已过韶华的女人心理描写得淋漓尽致。"半卷夕阳红雨入，燕子来时。"这两句话初看显得有些情理不通，夕阳如何能够半卷，而雨又怎么能是红色的呢？

其实承上启下来看，便能理解了，少妇将帘子半卷起来，夕阳透进来，真的就是半卷夕阳了，而在夕阳下的雨，因为映衬，果真便看似红色。纳兰在这里用的词语结构十分巧妙，似乎平淡无奇，但却禁得住回味，能让人隐约感觉到一种美好的意境，但却是无法再用词语去表达。

词中的这位少妇像是在怀念故人，但词意却在此刻又显得格外扑朔，耐人寻味。而到了下片，词意又有了转变，开头便直言"回首碧云西，多少心期"，"回首"便是回望过去，重看往昔的岁月，而"心期"则是指心愿，妇人思念着与故人往昔的美好岁月，也感慨着重新相守，希望故人能够如同燕子归来一样，重回家乡，回到她的身边。不过从下一句"短长亭外短长堤"可以看出，这个愿望有多么渺茫，即便望断碧云，也是难以实现了。在诗词中，亭子和堤坝通常有两个意向，一是送别，二是思念。在这句话中二者同时出现，大概是纳兰为了表现少妇焦急不安的内心故意设置的，为了能够有足够的力量去表现诗词的意境。

词写到这里，一直都是少妇自怨自艾的个人情绪表达，语言真挚感人，令人为之动容。接下来两句"百尺游丝千里梦，无限凄迷"结束了全篇，也让人体会到思而不得的痛苦有多深，就如美梦一场后，醒来忽然发现，头顶依然是破瓦蛛丝盘结，身边依然是空空荡荡，一无所有。

纳兰的这首词似真非真，极富浪漫色彩，全词曲折跌宕，通篇情景浑融，凄迷动人，读起来让人黯然销魂，内心潮湿。写春怨可以有多种，但纳兰选择了从对方落笔写起，通过少妇在闺中的无聊举动和室外的景象，写出一派伤春伤情的形象。

纳兰是最懂得相思之情的人，他能够准确地描写出少妇于闺中寂寞无聊的伤春情思也是因为他经历过这种感情。问世间情为何物，最是相思无奈何，纳兰明白世间的一切相思皆是苦中带甜，虽然绝望，但却还是有着希望。

正如晏几道《虞美人》词中所写的："去年双燕欲归时，还是碧云千里锦书迟"，相思之中的人都盼望着能够重逢相见，但无奈的是，长亭之外更短亭，相见之路千山万水，思念之人不知道身处何方。纵使千种思念，最终也不得已，只能化作笔下的词句，化作梦中的期盼，希望能犹如百尺游丝，飘至千里之外，让思念的人知道。

苏东坡写道"梦随风万里，寻郎去处"，而纳兰则吟道"百尺游丝千里梦，无限凄迷"，纳兰甚至梦过后便是凄凉的现实，在梦的衬托下，现实更显得凄迷万端。这首词布局清晰，脉络顺畅，词意虽苦，但写法上却是清秀俊逸，格调高雅，不失为可以反复吟诵的好词佳篇。

注释

①紫玉：指紫玉钗。寒灰：犹死灰，灰烬，这里喻指心如死灰。《三国志·魏志·刘廙传》："扬汤止沸，使不燋烂，起烟于寒灰之上，生华于已枯之木。"
②心字："心"字香，古人将盘香制成"心"字形。
③疏帘：指稀疏的竹织窗帘。
④碧云：青云，碧空中的云。
⑤凄迷：怅惘，迷惘。

木兰花 拟古决绝词

人生若只如初见，何事秋风悲画扇[一]？等闲变却故人心，却道故人心易变。骊山语罢清宵半[二]，泪雨零铃终不怨[三]。何如薄幸锦衣郎[四]，比翼连枝当日愿。

这是一首拟古之作，纳兰借汉唐典故，以一失恋女子的口吻谴责负心的男子，词情哀怨凄婉，屈曲缠绵。

起句"人生若只如初见"，短短一句胜过千言万语，刹那之间，人生中那些不可言说的复杂滋味都涌上心头，让人感慨万千。开篇一句起到统领全词的作用，其余七句都是为了迎合这一句而存：人生如果总像刚刚相识的时候，那样甜蜜，那样温馨，那样深情和快乐，该是一件多么美好的事情。

但梦想终归是梦想，如果真能实现，又怎会"何事秋风悲画扇"。在这句中，纳兰提到了班婕妤的故事。

汉成帝时，一代才女班婕妤被选入宫中，由于她文学造诣极高，而且擅长音律，所以深受成帝的宠爱。但这一切在赵飞燕姐妹进宫后就画上了休止符。聪明的班婕妤知道，只要赵氏姐妹在，她就永无出头之日，所以她自请去长信宫侍奉太后，悄然隐退在淡柳丽花之中。

然而，在长信宫的岁月里，班婕妤仍然对成帝念念不忘，因此她发挥自己的才情，写下著名的《团扇诗》：

> 新裂齐纨素，鲜洁如霜雪。
> 裁为合欢扇，团团似明月。
> 出入君怀袖，动摇微风发。
> 常恐秋节至，凉飙夺炎热。
> 弃捐箧笥中，恩情中道绝。

在这首诗中，团扇被抛弃的命运，恰是班婕妤自身的真实写照。

"等闲变却故人心，却道故人心易变"，这两句的意思是说，两个人在一起本应相亲相爱，但今日却为何要相离相弃？你如今轻易地变了心，反而却说"我"的心本来就是容易变的。前句的"故人"指的是负心的男子，后句的"故人"指的是无辜的女子，同一个词却生动地刻画出男女双方的形象。

在下片中，词人提到唐明皇与杨贵妃的典故。"骊山语罢清宵半"是指唐玄宗与杨贵妃在昔日游宴的行宫里缠绵。"泪雨零铃"是指平定安史之乱后，唐玄宗北还，在路上因思念杨贵妃，于是作了一首《雨霖铃》以悼之。"终不怨"则是指唐玄宗迫于三军众怒，无奈将杨贵妃赐死于马嵬坡，杨玉环临死前云："妾诚负国恩，死无恨矣。"

相传唐玄宗与杨贵妃曾于七月七日夜，在骊山华清宫长生殿里盟誓，愿世世为夫妻，因此全词以"何如薄幸锦衣郎，比翼连枝当日愿"结束，纳兰在这里谴责薄情郎虽然当日也曾与心爱之人订下海誓山盟，如今却背情弃义。

对于这首词，有些词评家认为这首词是以男女情事的手法来描写友情，这种说法也有一定的道理，在这里就不再一一赘述。

注释

①何事：为何，何故。画扇：有画饰的扇子。此处用班婕妤典故。班婕妤为汉成帝妃，被赵飞燕谗害，退居冷宫，后有诗《怨歌行》，以秋扇为喻抒发被弃怨情，后人遂以秋扇喻女子被弃。
②等闲：无端，平白地。故人：指情人。
③骊山：在陕西临潼东南，因山形似骊马，呈纯青色而得名，是著名的游览、休养胜地。清宵：清静的夜晚。《太真外传》载，唐明皇与杨玉环曾于七月七日夜，在骊山华清宫长生殿里盟誓，愿世世为夫妻。白居易《长恨歌》："在天愿作比翼鸟，在地愿为连理枝。"后安史乱起，明皇入蜀，于马嵬坡被逼赐死杨玉环。杨玉环死前云："妾诚负国恩，死无恨矣。"
④"泪雨"句：唐郑处诲《明皇杂录补遗》："明皇既幸蜀，西南行初入斜谷，属霖雨涉旬，于栈道雨中闻铃，音与山相应。上既悼念贵妃，采其声为《雨霖铃》曲，以寄恨焉。"
⑤薄幸：薄情，负心，也指负心的人。锦衣郎：指唐明皇。

鹊桥仙

梦来双倚,醒时独拥,窗外一眉新月。寻思常自悔分明,无奈却照人清切[11]。

一宵灯下,连朝镜里,瘦尽十年花骨[12]。前期总约上元时[13],怕难认飘零人物。

纳兰本人在精神气质上与贾宝玉颇为相似,就连乾隆看过《红楼梦》之后也不禁说道:"此盖为明珠家事作也。"纳兰就是贾宝玉原型的可能性并不大,但是从《红楼梦》的遣词造句中,多多少少还是能看到些《饮水词》的影子。

人们常把纳兰当作贾宝玉,不仅是由于相似的身世经历,还有一点就是"身居华林而独被悲凉之雾"的心性气质。情路上的甜蜜与悲伤也是两人相同的体验,宝黛之恋从欢愉走向破灭,纳兰的爱情也随着妻子卢氏的去世成了不可触碰的伤痕。悼亡是纳兰词作的重要主题之一,也是最能展现他内心的作品。

古代悼亡的诗词文章众多,据说纳兰是古代词史上写悼亡词最多的词人,他每每追忆起妻子的温柔体贴,又想到那一份柔情自己已经永远失去了,不免肝肠寸断,这一番痛苦倾注于笔端,令人动容的词作便产生了。

"容若词,一种凄婉处,令人不忍卒读,人言愁,我始欲愁。"这是纳兰的好友顾贞观对他的评价,也恰好表明了纳兰悼亡词的主要特点:凄清婉丽。这一首《鹊桥仙》诉说的正是哀婉的怀思和对身世的隐怨。

在梦中与妻子相偎相依,醒来却形单影只,这种从温馨到孤寂的感觉恰如从云端坠落谷底、从暖春跌入寒冬,从头发丝到脚趾尖都摔得疼痛、冰得刺骨,唯有望着窗外的一弯新月思念旧人。

想来月亮大概是古代的伤心人最不应见的物事,李白抬头望了望明月,低下头便开始黯然"思故乡";范仲淹在高楼独倚观赏明月,哪知几杯酒入了愁肠,就"化作相思泪";吕本中的《采桑子》里的女子看着那时盈时亏的月亮,忍不住怨念:"恨君却似江楼月,暂满还亏,暂满还亏,待得团圆是几时?"

伤心人看到月亮只会更加伤心,纳兰也是如此。那弯新月让他想起了与妻子相伴的时光,月亮依旧,夜风如初,只是佳人已逝,空留思念。物是人非之感顿生,即使月光再分明、再美丽,也只能徒增心中的伤感,悔恨当初竟不懂得珍惜相守的幸福。

又逢照人清切的明月,但已经人事全非,旧日里曾与爱人在镜前画眉挽髻,如今镜子里就只有自己的影子了。思念之情让人消瘦憔悴,只怕即使再有机会与她相见,她也辨认不出这衰老的人儿就是昔日的情郎了。

像这样的"飘零人物"并非只有纳兰一个。只要不是为了嘴上便宜、头顶虚名,那些同样有着失去至亲至爱遭遇的飘零人往往都有传世佳作,如元稹的"曾经沧海难为水,除却巫山不是云",

除你之外世上再无人能令"我"动情,这般生死之恋可谓刻骨铭心;又如潘岳的"之子归穷泉,重壤永幽隔",生死殊途的遗恨五字足矣;再如贺铸的"空床卧听南窗雨,谁复挑灯夜补衣",看似平白叙述,却满腔悲痛,贤妻已去,还有谁记挂着自己的饥饱冷暖呢?这些悼亡词或者语气平淡,或者悲怆难耐,字里行间都是剪不断的爱意幽思、道不尽的柔肠悲歌。

说到悼亡,就不能不提苏东坡的《江城子》,后人多将这首词奉为"千古第一悼亡词"。这首词以记梦的形式写阴阳相隔之苦、夫妻永别之悲。夫妻梦中相会,生者死者重逢,这比起生者单方睹物思人、悲吟苦叹似乎更能打动读者,因为不论梦中的重逢是怎样惊喜与温馨,梦醒之后只会是一枕孤寂、两行清泪。

从这一点来说,苏东坡的《江城子》委实比纳兰的这首《鹊桥仙》多了几分妙处。

注释

① 清切:清晰准确,真切。
② 花骨:花骨朵,这里形容人的容貌俏丽。
③ 前期:从前的约定。

蝶恋花 出塞

今古河山无定据[一]。画角声中,牧马频来去[二]。满目荒凉谁可语?西风吹老丹枫树。

从前幽怨应无数。铁马金戈,青冢黄昏路。一往情深深几许,深山夕照深秋雨。

据《吹剑录》记载:东坡在玉堂日,有幕士善歌,因问:"我词何如柳七?"曰:"郎中词,只合十七八女郎,执红牙板,歌'杨柳岸、晓风残月';学士词,须关西大汉,铜琵琶,铁绰板,唱'大江东去'。东坡为之绝倒。"这个典故常常被引用来说明豪放词和婉约词的区别。自从豪放与婉约被人们当作划分词风的标志之后,除了李煜、苏东坡、辛弃疾这寥寥几人之外,能够将豪放之情寄寓在婉约之形中的,也就只有纳兰性德了,以至于王国维都评价纳兰词是"北宋以来,唯一人尔"。

从词题中我们能够知道,这是一首出塞词。首句"今古河山无定据",即是纳兰发出的感叹,同时也道出了自古以来,权力纷争不止、江山变化无常这一无法改变的客观事实。

接下来纳兰用白描的手法为我们描绘了一幅生动的边塞秋景图,"画角声中,牧马频来去",由于战事连年不断,所以战马在画角声中频繁往来。

因为不停的纷争、不息的战火，所以行走在边塞道路上的纳兰，看到的是西风吹散落叶这样荒凉萧索的景色，那飘荡在空中的叶子，似乎在向他诉说着无穷的幽怨。

汉元帝时，昭君奉旨出塞和番，在她的沟通和调和下，匈奴和汉朝和睦相处了六十年。她死后就葬在胡地，因其墓依大青山，傍黄河水，所以昭君墓又被称为"青冢"。杜甫有诗"一去紫台连朔漠，独留青冢向黄昏"。纳兰由青冢想到王昭君，问她说："曾经的一往情深能有多深？是否深似这山中的夕阳与深秋的苦雨呢？"

作为康熙帝的贴身侍卫，纳兰经常要随圣驾出巡，所以他的心中也充满了报国之心，但他显然不想通过"一将功成万骨枯"的方式来成就自己的理想抱负，所以在尾句中纳兰又恢复了多情的本色，他以景语结束，将自己的无限深情都融入到无言的景物之中。其中，既充满了豪放，又充满了柔情，甚至我们还会体味到些许的凄凉与无奈。

注释

①无定据：没有一定。宋毛开《渔家傲·次丹阳忆故人》词："可忍归期无定据，天涯已听边鸿度。"
②画角：古管乐器，传自西羌。形如竹筒，本细末大，以竹木或皮革等制成，因表面有彩绘，故称。发声哀厉高亢，古时军中多用以警昏晓，振士气，肃军容。帝王出巡，亦用以报警戒严。
③牧马：指古代作战用的战马。
④铁马金戈：形容威武雄壮的士兵和战马。代指战事，兵事。

水龙吟 再送荪友南还 (一)

人生南北真如梦,但卧金山高处[2]。白波东逝[3],乌啼花落,任他日暮。别酒盈觞,一声将息,送君归去。便烟波万顷,半帆残月,几回首,相思否。

可忆柴门深闭,玉绳低、剪灯夜雨[4]。浮生如此,别多会少,不如莫遇。愁对西轩,荔墙叶暗,黄昏风雨。更那堪几处,金戈铁马[5],把凄凉助。

纳兰曾留严绳孙住府邸二年,彼此诗词唱和,"闲语天下事,无所隐讳"。在清康熙二十四年(1685年)四月,严绳孙请假南归,临去"入辞容若时,(傍)无余人,相与叙平生之聚散,究人事之终始,语有所及,怆然伤怀"(《致纳兰哀词》)。二人之交厚及意气相投可见。

严绳孙长纳兰三十二岁,如此忘年之谊,在纳兰一生中并不少见。本篇是为严绳孙南归所赋的赠别之作,其实在写这首词的同时,纳兰还有四首词赠别绳孙,故此处说"再送"。

此词牌又名《龙吟曲》《庄椿岁》《鼓笛慢》《小楼连苑》《海天阔处》《丰年瑞》等。据《填词名解》说,调名采自李白"笛奏龙吟水"之句,又有说来自李贺"雌龙怨吟寒水光"之句。

此调有不同体格,俱为双调,本首为其一体。上、下片各十一句,共一百零二字。上片第二、五、八、十一句,下片第一、二、五、八、十一句押仄声韵。

纳兰起笔不凡,"人生南北真如梦"一句抛出了"人生如梦"这等千古文人常叹之语,其后接以他总挂在嘴边的归隐之思,令全词的意境在开篇时便显得空远阔大。"白波东逝,鸟啼花落,任他日暮",白描勾勒出的情景或许是此时,也或许是想象:看江水东流,花开花落,莺歌燕语,任凭时光飞逝,这是何等惬意。

在这样逍遥洒脱的词境中,纳兰叹道,"别酒盈觞,一声将息,送君归去",点出了别情。自古送别总是断肠时,古时不比如今,一别之后或许此生再难相见,因而古人或许在自己的生死上能豁达一些,却也总对与友人的离别无可奈何。像苏东坡那样旷达的人,在别离时高唱:"醉笑陪公三万场。不用诉离觞。"也无非是因为"痛饮从来别有肠","别有肠"是怎样一种心情,苏东坡没有说,也不消说,古往今来多少离别伤感,人们自能体会。

眼前你我离别之情充满了酒杯,只能一声叹息,送你离去。而离去之后,天地便换了风光,"便烟波万顷,半帆残月",岂止是送行人,远行人自身亦是满腔悲愁,的的确确就像纳兰说的,"几回首,相思否"。

下片首句转入了回忆,玉绳是星名,通常泛指群星,这里的意思是说忆起柴门紧闭、斗转星移、夜雨畅谈的时光。之后的一句,多少可以看出纳兰的一些悲观情绪。他说,"浮生如此,别多会少,不如莫遇",这话说得实在悲凉。纳兰似乎总在相遇时间的问题上自寻烦恼,他曾说"人生若只如初见,何事秋风悲画扇"。但人在时间面前终归是渺小的,时间不可逆转正是种种迷惘痛苦的根由。

"愁对西轩,荔墙叶暗,黄昏风雨。"转笔又是白描写景,如今离别,又兼愁风冷雨,四字小句将气氛层层渲染开去。倒是篇末一句,有种不同于前面词句的雄浑苍凉的味道,"更那堪几处,金戈铁马,把凄凉助",将国事与友情融为一体,使得这首词境界扩大了不少。

纳兰填完此词一个月后,便溘然长逝了。这次离别之后,两人也便真的没有了再次相见的机会。隔着时间的长河,凝聚在词句中这种怆然伤别的深挚友情依旧令人感叹不已。

注释

①荪友:即严绳孙,自号勾吴严四,又号藕荡老人、藕荡渔人。江苏无锡人。清初诗人、文学家、画家。
②金山:山名,在江苏镇江西北。古有氏父、获苻、伏牛、浮玉等名,唐时裴头陀获金于江边,因改名。这里代指严绳孙的家乡。
③白波:白色波浪,水流,此处喻指时光。
④玉绳:星名,常泛指群星,北斗七星之斗勺,在北斗第五星玉衡之北,即天乙、太乙二星。
⑤金戈铁马:金属制的戈,配有铁甲的战马。指战争。

金缕曲 赠梁汾[一]

德也狂生耳[二]。偶然间、缁尘京国,乌衣门第[三]。有酒惟浇赵州土[四],谁会成生此意[五]。不信道、竟逢知己。青眼高歌俱未老[六],向樽前、拭尽英雄泪。君不见,月如水。

共君此夜须沉醉。且由他、蛾眉谣诼[七],古今同忌。身世悠悠何足问,冷笑置之而已。寻思起、从头翻悔[八]。一日心期千劫在[九],后身缘、恐结他生里[十]。然诺重,君须记。

　　这首词是词人与顾贞观相识不久的题赠之作,表达了诚挚的友情,顾贞观在此词的后记中记云:"岁丙辰,容若年二十有二,乃一见即恨识余之晚,阅数日,填此曲为余题照。"

　　词一开篇,纳兰就写道:"德也狂生耳。偶然间、淄尘京国,乌衣门第。"意思是说:我天生痴狂,生长在豪门望族之家,又在京城里供职,这一切实属偶然,并非我刻意追求。在友人面前,纳兰并没有以贵族公子自居,而是自诩"狂生"来打消友人的顾虑,使其不至于因为身份、地位上的悬殊而不敢接近自己,而且纳兰还用"偶然间"三字来表明自己如今所取得的荣华富贵纯属"偶然",言外之意是希望出身寒门的顾贞观能够理解他,以常人对待他。

　　接下来纳兰用李贺《浩歌》"买丝绣作平原君，有酒惟浇赵州土"的成句，进一步表明自己仰慕平原君的人品，并有平原君那样礼贤下士、喜好交友的品格。但是纳兰感到并没有人能够理解自己的这一片苦心，因此发出"谁会成生此意"的感慨，其中所透露出的孤寂之情，也就不言而喻了。

　　词到此，纳兰的笔锋突然一转，"不信道、竟逢知己"，正当纳兰深感知音难觅时，想不到竟然遇到了顾贞观，"不信"与"竟"的连用，表现出纳兰意外得到知己后的狂喜之情。随后，纳兰开始写两人相逢时的情景。"青眼高歌俱未老，向樽前、拭尽英雄泪"。相传阮籍能作"青白眼"，碰到他尊敬的人，则两眼正视，露出虹膜，为"青眼"；碰到他厌恶的人，则两眼斜视，露出眼白，为"白眼"。这里，纳兰用到了"青眼"的典故，是说自己与顾贞观彼此青眼相对，互相器重。

　　下片首句中的"沉醉"，表明纳兰要和顾贞观一醉方休，甚至要醉得不省人事。之所以要这样做，一是因为"酒逢知己千杯少"，二是因为"且由他、蛾眉谣诼，古今同忌"。在这里，纳兰劝慰顾贞观不要把小人的造谣中伤放在心上（顾贞观在此前三年曾遭人陷害而被罢官），因为这种卑鄙的事自古以来就屡见不鲜，不合理的现实既已无法改变，那为什么不与知己一醉方休，以求解脱？

　　接下来纳兰由好友想到了自己，"身世悠悠何足问，冷笑置之而已"，纳兰认为，在这个污浊的社会中，自己显贵的身份完全不值得一提，只需冷笑置之即可，这也就照应了上片的"偶然间、缁尘京国，乌衣门第"。正是因为对荣华富贵的蔑视和对现实社会的不满，纳兰才会产生"寻思起、从头翻悔"的想法。

在激动之余，纳兰把笔锋拉回，与友人开始正面订交。"一日心期千劫在，后身缘、恐结他生里"，纳兰对顾贞观郑重地承诺：我们一日心期相许，成为知己，即使横遭千劫，情谊也会长存的，但愿来生我们还有交契的因缘。

尾句"然诺重，君须记"，紧承前两句之意，纳兰表明自己一定会重信守诺，不会忘记今天的誓言。

注释

① 梁汾：即顾贞观。
② 德：作者自指。
③ "偶然"两句：京国：京城，国都。乌衣门第：指世家望族。
④ 赵州土：平原君好养士，死后虽未葬于赵州，但他是赵国公子，又是赵相，故称他的墓为"赵州土"。
⑤ 成生：纳兰性德自指，纳兰原名成德，故云。
⑥ 青眼：黑色的眼珠在眼眶中间，青眼看人则是表示对人的喜爱或重视、尊重。相传晋阮籍为人能作青白眼，见愚俗之人为白眼，见高人雅士、与己意气相投者则为青眼。
⑦ 谣诼（zhuó）：造谣诽谤。
⑧ 翻悔：对先前允诺的事情后悔而拒绝承认。
⑨ 千劫：佛教语，指旷远的时间与无数的生灭成败，现多指无数灾难。

浣溪沙

容易浓香近画屏[一],繁枝影著半窗横[二]。风波狭路倍怜卿[三]。

未接语言犹怅望,才通商略已含嚬[四]。只嫌今夜月偏明。

这首《浣溪沙》为爱情词,与大多数纳兰词的冷清凄迷不同,此首词主要描绘恋人初逢的场景,细腻柔婉,缠绵悱恻。

上片前两句写景,"浓香""画屏""繁枝",后一句由景转到人,写的是男子看到恋人时微妙的心理变化。画屏逶迤,浓香扑鼻,树影横斜。窗半开着,女子露出头来,微风过处,杏花微雨,不禁让窗外的人、急切赶来的人更生怜爱。

此处,纳兰并没有对女子的容貌进行描写,而是通过描写周围的景物,让我们展开想象,窗后的女子,该是宝钗笼鬓,红棉朱粉,或轻颦,或浅笑,或娇嗔,可谓梨花一枝春带雨,薄妆浅黛总相宜,如此那般,不可方物。

再说相逢的场面,"风波狭路倍怜卿"。作者没有用动作描绘,而是从心理入手,看到小轩窗后面焦急等待自己的恋人,在恋情面前不顾险阻的恋人,让前来赴约的纳兰更生怜爱。

风未必大，夜未必冷，但是看到有人在等着自己，窗半开着，香静静燃，女子在枝干的那头隐隐可见，安静或者焦急地等着纳兰前来赴约，所有的东风恶、世情薄，雨送黄昏，都是两个人一同走过。日子天天过，比流水的消逝、落花的凋零更快，但是有几对恋人能够怀着热切的爱情与期盼，一直并肩走下去？

纳兰与恋人虽情投意合，且密有婚姻之约，而他的父母也许不赞成。他们恋爱形迹落在他们眼里，引起他们的嫉妒，遂硬将他的恋人报名入宫，来断绝他的念想。但我们通过前文得知，在那之后，纳兰也曾偷偷混入宫中与恋人见面。

也许我们可以相信即便是入宫，纳兰与恋人仍然是抱着微渺的希望，认为他们依然有前路可走，爱情的力量最后会战胜一切。所以当见到等候自己的恋人，勇敢和自己一起追求真爱、对抗"风波"的恋人，纳兰的心里边对她更加怜爱。

下片紧接上片，对相逢场景进行描绘。"未接语言犹怅望"，可以想象是女子从树影中看见"我"已经到来，轻声唤"我"。或者两人是太久没有见面了，或者沉迷在这幅美丽的图画中不能自拔，忘记了怎么说话，要说什么话，只是呆呆地望着。"才通商略已蕾腾"，才刚刚开始交谈，纳兰就已经沉迷陶醉，忘乎所以了。末句"只嫌今夜月偏明"，将描写的视角由叙事转到场景上。"月偏明"，月亮稍稍亮了一点，月亮偏偏是亮的。这小小的抱怨，让纳兰内心深处的欢心喜悦更加暴露无遗。但是正是因为月明，才需要更加小心，这又造成了纳兰内心提心吊胆的情绪。心理的几重复杂，生动传神。

或者天不遂愿者太多，在爱情波折里的纳兰，连见恋人一眼都需要扮成僧人偷偷入宫。其实曾经的两小无猜、兰窗腻事，都因鸳鸯零落不复存在了。但是情难忘却，恋人被选入宫，纳兰仍然抱着她会被放出来、他们能够团圆的希望。而此次与恋人的会面又更坚定了他的信念。这就加深了他后来的苦痛。

正是，往事不可再来，袖口香寒。

注释

①画屏：绘有彩色图画的屏风。
②繁枝：繁茂的树枝。
③风波：比喻纠纷或乱子。狭路：窄小的路。
④商略：商讨、交谈。瞢（méng）腾：形容模糊，神志不清。

菩萨蛮

榛荆满眼山城路[一],征鸿不为愁人住[二]。何处是长安,湿云吹雨寒[三]。

丝丝心欲碎,应是悲秋泪。泪向客中多,归时又奈何。

此词乍看之下,便让人想起大多边塞之作。我国台湾著名学者李敖曾说,唐诗里有一半都是思乡的诗。想必,词从范仲淹《渔家傲》一出,苏辛开创豪放词风以来,表达羁旅行役之苦、怀远思乡之情的词作也是词题材中的一个重要组成部分。

有人说,人类文明都是在血与火的洗礼中进步的,自从有了人类社会,战争就像它的附带品,中国历史的发展也不能例外。但战争对于战士们来说,他们首先要面对的是两种残酷的现实:一种是与亲人、家乡的远别;另一种是最终的流血与死亡。而当这两种愁思或恐惧同时占据他们的思想时,他们对亲人和家乡的怀念也就分外强烈。因而,在中华民族几千年的历史中,从《诗经》中的《国风·陟岵》《邶风·击鼓》到唐朝李益的《从军北征》、宋代范仲淹的《渔家傲·秋思》,我们无不看到征战所引起的与亲人、家乡的远别,在读者的心灵上引起多么强烈的震撼。

伟大诗人屈原曾说"悲莫悲兮生别离"。在古代,人生最大的悲伤莫过于与亲友远别。而对于战乱诗词来说,"生别离"却是恒久以来重要的表达内容之一。纳兰这首《菩萨蛮》便是在这种文化背景中产生的。

词的上片,开篇纳兰便展现出一派荒芜之境,"榛荆满眼山城路"说的是行役途中所见,榛荆,犹似荆棘,此处便是荒蛮之地了。料想此词应为纳兰出行途中所作。

山城遥遥,满眼荒芜颓败之景,荆棘一样的植物在这城边的行军道上显得格外刺眼。忽然从远处传来断断续续的几声嘶哑的雁鸣,在丝丝雨声中,它们只顾前进,倏忽间就飞向远方去了。像那断雁前来,却不为愁人暂住片刻,那为何还有"鸿雁传书"的古语呢?想必不过是自己的一厢愁情,更无处安放罢了。前路未知,雨还是丝丝缕缕,越加觉得寒冷,但归处何在?

纳兰发此感叹,极易让人想到清朝史事,当时清廷准备与罗刹(今俄罗斯)交战。军情机密需要人去打探,康熙于是派出八旗子弟中精明强干之人,远赴黑龙江了解情况,刺探对方军情。正是因为纳兰等人的辛苦侦察和联络,清廷得以在黑龙江边境各民族的支持下,顺利完成了反击沙俄侵略的各种战略部署。想必此词就是途中所作。而另一首同词牌的词作中,纳兰提到"明日近长安,客心愁未阑",想来则是归途中所作了。

下片抒情,承转启合中纳兰表现出不凡的功力,把上片末句中"雨寒"与自己的心绪结合起来,自然道出"丝丝心欲碎,应是悲秋泪"的妙喻。俗话说,"触景生情","睹物思人"。出门在外的行役之人、游客浪子，眼中所见、耳中所闻、心中所感都包含着由此触发的对遥远故乡的眺望，对温馨家庭的憧憬。李白《春夜洛城闻笛》中有："此夜曲中闻《折柳》，何人不起故园情！"说的便是诗人听到《折柳》曲，生发出的思乡之情。纳兰此处也是如此，看到那断雁远征，奔赴远地而不知暂住。寒雨丝丝，想来自然成了悲秋之泪，凡所做的苦役沿途所遇的景物，都被蒙上了一层浅浅诗意的惆怅。想到此处，不觉黯然泪下，发出"泪向客中多，归时又奈何"之叹。

纳兰一生虽然没有经历战乱之祸，但此期间宫廷政治斗争却一直没有停息，由此纳兰作为御前一等侍卫，不免卷入宫廷的政治祸乱中，早是心生疲倦。

那塞上满眼荆棘顽强生存着，昭示着在人间的生机，而自己却只剩一腔怅意结于胸中。呼之不出，是故郁郁。

注释

① 榛荆：犹荆棘，形容荒芜。山城：依山而筑的城市。
② 征鸿：即征雁。
③ 湿云：谓湿度大的云。

鹧鸪天　离恨

背立盈盈故作羞，手挼梅蕊打肩头[一]。欲将离恨寻郎说，待得郎来恨却休。

云澹澹，水悠悠，一片横笛锁空楼[二]。何时共泛春溪月，断岸垂杨一叶舟[三]。

纳兰这首小词，借女子的形象和心态抒写"离恨"，通篇都用白描，不加雕饰，显得朴素而清丽。

"背立盈盈故作羞"的"盈盈"二字的确是灵动精巧，将词中女主角的风姿、仪态之美妙动人浓缩在其中。《古诗十九首》之二有这样的诗句：

青青河畔草，郁郁园中柳。
盈盈楼上女，皎皎当窗牖。
娥娥红粉妆，纤纤出素手。

形容词叠字"青青""郁郁""盈盈""皎皎""娥娥""纤纤"被顾炎武《日知录》誉为和《诗经·卫风》"河水洋洋"一样连用叠字"亦极自然下此即无人可继"。这里用"盈盈"二字，让人不免想起《古诗十九首》中这位娇美、轻盈、光彩照人的女子。

"手挼梅蕊打肩头"是极能体现纳兰词风的一句化用。女子纤纤素手揉碎了梅蕊,抛向情郎肩头,嗔怪之情与娇羞之态相融,此情此景必是旖旎万分。北宋晏几道《玉楼春》一词中有"手挼梅蕊寻香径",明代诗人王彦泓诗中则有"大将瓜子到肩头"。

　　纳兰词这句中的七字,可以说均是化自他人诗句,但比小山词多了分娇羞风情,比彦泓诗多了些静好端庄,不偏不倚正是纳兰境界。赵秀亭在《纳兰丛话》(续)中便这样评价:

　　"性德词多用王彦泓诗中语,而每能化污为洁,转浊成清。其'手挼梅蕊打肩头',即自次回'大将瓜子到肩头'出,然一雅致,一俗恶;一写闺中静好,一状楼头倡女,情趣高下,了然可见。性德偶有绮腻语,如'一晌偎人'云云,亦袭用前人而已。就其总体看,则有挚情而无滥欲,词品高华,固非彦泓可及。"

　　说得刻薄,确是实话。单就这篇而言,上片四句,酷似李煜词"绣床斜凭娇无那,烂嚼红茸,笑向檀郎唾"(《一斛珠》)所描绘的情景,而在香艳中更觉清新,在婉丽处又现俊逸。

　　下片转笔写眼见耳闻之景,淡淡之云与悠悠之水,伴和着耳畔的笛声,更烘托出离恨的凄苦。"一片横笛锁空楼"写笛声萦绕在空寂的阁楼中。一个"锁"字形容笛声不绝,仿佛凝滞。笛声与梅花,向来是诗词中道尽凄清的意象,观梅闻笛,便勾起古往今来多少人的愁情。唐朝崔道融就有《梅花》一诗:

　　数萼初含雪,孤标画本难。香中别有韵,清极不知寒。

横笛和愁听,斜技倚病看。逆风如解意,容易莫摧残。

笛声总是清冷空幽,而此时又是离别在即,相见无期,让人怎能不满心愁绪。

结句以虚笔勾画了一幅月夜春泛的美妙图画,并以此虚设之景,进一步抒发了离恨的心曲。"何时共泛春溪月,断岸垂杨一叶舟",想象中的良辰美景,更衬得当下的离别之苦不堪忍受。

古时不比如今,车行不便,一别之后有可能就是余生难再相见,时间、距离、生死,再如何情比金坚在这样的刁难前也都只能面对。纵是帝王,李煜也要说"离恨恰如春草,更行更远还生",放之纳兰,又能奈它何。

注释
①手挼:用手揉弄。梅蕊:梅花蓓蕾。
②横笛:笛子。即今七孔横吹之笛,与古笛之直吹者相对而言。
③垂杨:垂柳,古诗文中杨柳常通用。